대림아이
자기 주도 학습동화 04

자기 주도적인 아이들을 위한

공부습관

김가은 글 | 추현수 그림

대림아이

머리말

'공부' 하면 머리부터 지끈지끈한 친구들 있나요?

공부를 왜 해야 하는지, 행복은 성적순이 아니라고 하면서 왜 엄마, 아빠는 맨날 공부하라고 하는지 이해하지 못하는 친구들도 있을 거예요. 공부는 그냥 좋아하고 잘하는 사람만 하고, 싫어하는 사람은 안 하면 안 될까 생각도 되겠죠?

틀린 말은 아니지만 지금 어린이 여러분이 하는 공부는 여러분이 한 학년씩 올라가는 데 기초 지식이 되기 때문에 소홀히 할 수가 없어요. 2학년 공부를 하지 않으면 3학년 때 다른 친구들이 3학년 공부를 할 때 혼자 2학년 공부를 해야 하고, 4학년이 되기 전에 3학년 공부까지 해야 하니 배로 힘들어지거든요.

공부는 지겹기만 한 게 아니에요. 여러분이 배우는 국어, 수학, 과학, 사회, 영어 과목 안에 앞으로 우리가 살아가면서 필요한 지혜와 교양이 골고루 들어 있잖아요. '공부는 따분한 거야.'라고 생각하지 말고 '재밌는 이야기를 듣는 것 같아.'라고 생각하고 수업을 들어 보세요. 마음 자세가 달라지면 공부 시간이 훨씬 즐거워질 거예요.

이 책에는 공부에 관심이 없던 하준이가 '경찰'이 되기로 마음먹고 공부하는 습관을 차근차근 몸에 익히고, 공부의 즐거움을 알아가는 내용이 담겨 있어요. 하준이처럼 꿈을 가진 어린이 친구라면, 또 공부하는 즐거움을 알고자 하는 친구라면 이 책에 담긴 공부 비결을 한번 읽어 보세요. 꼭 1등을 하지는 않더라도, 여러분도 하루하루 목표를 정하고 자신과의 약속을 성실히 지키는 과정을 통해 1등보다 더 큰 만족과 기쁨을 얻을 수 있길 바랍니다.

김가은

목차

1. 멋진 4학년 되기 ★ 8
2. 목표 일기 쓰기 ★ 14
3. 수업 시간에 딴짓하지 않기 ★ 25
4. 잊고 있었던 기초반 시험 ★ 32
5. 천릿길도 한 걸음부터 ★ 39
6. 포기 선언 ★ 48
7. 긴장되는 기초 학력 진단평가 ★ 53
8. 복수할 거야 ★ 62
9. 새로운 시작 ★ 68
10. 이렇게만 하면 나도 1등? ★ 74

11. 친구는 소중해 ★ 80

12. 대체 왜 성적이 안 오르는 거야? ★ 87

13. 서연이가 기초반을 탈출했다고? ★ 93

14. 선생님 때는 말이야 ★ 102

15. 꼬인 걸 다시 풀어야겠어 ★ 111

16. 이젠 정말 공부가 즐거워 ★ 124

17. 모르는 건 부끄러운 일이 아니야 ★ 130

18. 드디어 기초반 탈출이다! ★ 137

1. 멋진 4학년 되기

 오늘은 새 학년을 시작하는 날이에요. 평소에는 잠에서 깨면 늦장을 부리던 하준이도 4학년이 된다는 기대감에 눈이 떠지자마자 바로 침대에서 일어났어요.

 "이제 4학년인데, 더는 늦장 부릴 순 없어."

 하준이는 거울에 비친 자신을 보며 다짐했어요. 4학년에 걸맞은 더 멋진 학생이 되기로요. 하준이는 3학년을 끝마치면서부터 '4학년이 되면 꼭 의젓해져야지!'하고 생각했었어요. 하준이가 정말 좋아했던 3학년 담임 선생님도, 지난 설날에 뵀던 친척 어른들도, 하준의 부모님도, 모두 하준이에게 '4학년이 되면 더 의젓해져야 한다.'라고 말했거든요.

하지만 하준이가 더 멋진 4학년이 되기로 했던 진짜 이유는 따로 있어요. 하준이에게 꿈이 생겼거든요.

"엄마, 저 이제 일찍 일어나고 공부도 할 거예요."

하준이는 주먹을 꼭 쥔 채 말했어요.

"그래? 해가 서쪽에서 떴나? 어쩌다 그런 결심을 했니?"

엄마는 의외라는 표정으로 물었어요.

"어제부터 저한테 꿈이 생겼거든요. 그 꿈을 이루려면 공부도 잘해야 해요."

"그래? 하준이가 이런 말도 다 하고, 어떤 꿈이길래 그러니?"

엄마는 하준이의 머리를 쓰다듬으며 말했어요.

"저는 경찰이 되고 싶어요. 경찰은 어려움에 부닥친 사람들을 지켜 주잖아요. 저는 그런 멋진 사람이 되고 싶어요."

엄마는 하준이의 말을 듣고 미소가 지어졌어요. 하준이에게 멋진 꿈이 생기다니, 응원해 주고 싶었지요.

"어쩌다가 그런 생각을 했을까?"

엄마가 하준이에게 물었어요. 사실 엄마는 그 이유가 짐작이 갔답니다. 엊그제 하준이가 경찰이 나오는 영화를 봤거든요.

"엊그제 봤던 영화에 나오는 경찰관이 너무 멋있었어요. 힘도 세고, 범인이 무섭게 말하는 데 하나도 무서워하지 않았잖아요. 저도 멋진 경찰이 되어서 사람들을 지켜 주고 싶어요."

역시 엄마가 하준이의 생각을 딱 맞혔지 뭐예요.

"하준이가 정말 마음을 먹은 모양이네. 깨우기 전에 혼자 일어나기도 하고, 밥도 이렇게 잘 먹고. 이제 공부하는 것도 기대해 봐도 되는 건가?"

엄마가 하준이의 머리를 쓰다듬으며 물었어요.

"네, 엄마. 기대하세요. 제가 그동안 공부를 안 해서 그렇지, 막상 시작하면 반에서 1등 할지도 몰라요."

지금까지 1등에 욕심내 본 적 없는 하준이지만, 1등 할지도 모른다는 말을 입 밖으로 내자 욕심이 나기 시작했어요.

'마음잡고 공부해 본 적은 없지만 할 수 있을 거야! 1등 하면 부모님과 선생님에게 칭찬을 엄청나게 받겠지?'

하준이는 반에서 1등 하는 상상에 벌써 기분이 들뜨는 것 같았

어요. 선생님께 귀염도 받고, 부모님의 자랑스러운 아들이 되고, 친한 친구인 서연이와 지은이에게 자랑도 하고, 멋진 경찰도 되고! 하준이는 저도 모르게 배시시 웃었어요. 1등을 하면 좋은 일이 계속 이어지는 것인데, 그동안 왜 놀기만 좋아했는지 몰라요.

엄마는 그런 하준이를 보며 내심 걱정이 되었어요. 지금까지 하준이가 다짐한 것을 오래 지킨 적은 없었거든요. 동화책 하루 한 장 읽기를 하겠다고 해 놓고도 이틀만 하고 포기했고, 일기 쓰기도 딱 일주일 쓰고 온갖 꾀를 부리며 미루기 일쑤였지요. 하지만 엄마는 이번만큼은 진지한 하준이의 결심을 믿어 보기로 했어요.

"그래, 하준아. 열심히 해 보렴. 엄마도 기대할게. 그러려면 밥 얼른 먹고 학교부터 가야겠지?"

하준이는 엄마의 말을 듣고 시계를 보았어요. 시계가 벌써 8시 20분을 가리키고 있지 뭐예요? 하준이는 학교에 늦을까 봐 준비를 서둘렀어요. 경찰관 지망생으로서 멋진 4학년이 되기로 한 첫날부터 지각할 수는 없으니까요.

쉬는 시간

공부를 하려는 이유

　공부할 때 중요한 것 중 하나는 공부하려고 하는 이유예요. 왜냐하면, 공부하려는 이유가 공부를 계속하게 해 주는 원동력이 되어 주거든요.

　공부를 정말 열심히 하다가도 갑자기 하기 싫은 마음이 들 수 있어요. 공부는 재밌기도 하지만 어렵기도 하고, 새롭기도 하지만 지겹기도 하거든요. 어렵고 지겨운 마음이 들 때마다 다시 연필을 잡을 수 있게 해 주는 건 바로 공부하려는 이유예요.

　공부를 통해 이루고 싶은 것이 있다면 공부를 포기했다가도 '아, 이 고비를 잘 넘기면 내가 원하는 것을 이룰 수 있을 거야.' 하는 생각이 들겠죠? 어떤 친구들은 반에서 1등 하면 부모님이 최신 휴대폰을 사 준다고 해서 공부하려고 하기도 해요. 하지만 이런 이유는 단기적인 이유예요.

　공부는 길게 바라보고 꾸준히 해야 자신의 것으로 남는답니다.

2. 목표 일기 쓰기

　학교에 도착한 하준이는 떨리는 마음으로 교실에 들어갔어요. 새 학년을 올라가는 첫날을 벌써 네 번째 겪고 있는 하준이지만, 매번 어색하고 설레는 마음은 여전했어요.
　교실에 들어온 하준이는 교실 안을 한 바퀴 휘 둘러봤어요. 모르는 친구들이 많았지만, 반가운 얼굴이 한 명 있었어요. 바로 작년에 같이 기초반 수업을 들었던 서연이였어요.
　'서연이가 있잖아?'
　하준이는 정말 다행이라고 생각했어요. 사실 하준이는 친한 친구와 같은 반을 하지 못할까 봐 겨울 방학을 시작하기 전부터 걱정했거든요.

"서연아, 방학 잘 지냈어?"

하준이는 서연이에게 다가가 반가운 얼굴로 말을 걸었어요. 서연이 또한 하준이를 보고 정말 반가워했어요. 서연이도 새 학년이 되어서 친한 친구가 한 명도 없을까 봐 걱정했었거든요.

"하준아, 우리 같은 반 돼서 정말 다행이다."

"그러게. 지은이도 같은 반 되었으면 좋았을 텐데……."

하준이는 작년에 같은 반이었던 지은이를 떠올렸어요. 지은이는 서연이, 하준이와 같이 기초반 수업을 들었던 친구예요. 셋이서 4학년이 되어도 같은 반이 되면 좋겠다고 자주 얘기했었는데, 이번에는 지은이가 안 보이는 걸 보니 실패인가 봐요.

"나도 아쉬워. 그래도 지은이는 2반이니까 자주 보러 가면 되겠지."

"지은이가 바로 옆 반이구나. 우리 자주 보러 가자."

서연이와 하준이는 고개를 함께 끄덕이고 방긋 웃었어요. 서로가 있으니까 새 학기의 어색한 마음도 사라진 것 같았어요.

"4학년 3반, 여기 볼까요? 저는 올해 여러분의 담임을 맡은 이경민이에요."

담임 선생님이 교실로 들어오더니 교탁 앞에 서서 아이들을 천천히 둘러보며 말했어요.

"만나게 되어서 반가워요. 올 한 해 우리 모두 잘 지내봐요."

담임 선생님은 상냥한 목소리로 인사했어요.

"선생님은 새 학기를 시작할 때마다 모두를 위해 몇 가지 약속을 해요. 4학년 3반도 한번 약속해 볼까요? 선생님이 얘기하면 따라 해 주세요. 첫째, 서로 예의를 지킵시다."

"첫째, 서로 예의를 지킵시다."

선생님이 검지를 펴면서 말하자, 반 아이들은 한목소리로 따라 했어요.

"모두가 행복하게 반에서 생활하려면 서로 기분 상하는 일이 없어야겠죠? 그러려면 각자 예의를 지켜야 해요. 선생님은 여러분에게, 여러분은 선생님에게, 그리고 서로에게. 여러분도 4학년이니까, 서로 지켜야 할 예의를 알 거로 생각해요."

하준이는 선생님의 말씀을 듣고 고개를 끄덕였어요. 선생님들에게 예의 바르다는 칭찬을 자주 들은 하준이는 첫 번째 약속은 지키기 쉽다고 생각했어요.

"둘째, 학급의 구성원으로서 최선을 다합시다."

선생님이 검지와 중지를 펴며 말했어요.

"둘째, 학급의 구성원으로서 최선을 다합시다."

아이들이 약속이나 한 듯이 한목소리로 또 따라 했어요.

선생님은 '1인 1역'이라고 적힌 종이를 들며 말했어요.

"여러분 모두 학급 구성원으로서 학급의 일을 도와야 해요. 이 종이에 '1인 1역'이라고 적혀 있죠? 여기 적힌 대로 각자 할 일을 정할 거예요. 모두 자신의 역할에 최선을 다해 주세요."

1인 1역은 작년에도 했던 약속이에요. 하준이는 작년에 1인 1역으로 칠판 관리 담당을 맡았어요.

'올해도 잘해서 칭찬받아야지.'

하준이는 속으로 다짐했어요,

"셋째, 목표를 세우는 사람이 됩시다."

선생님이 손가락 세 개를 펴고 말했어요.

"셋째, 목표를 세우는 사람이 됩시다."

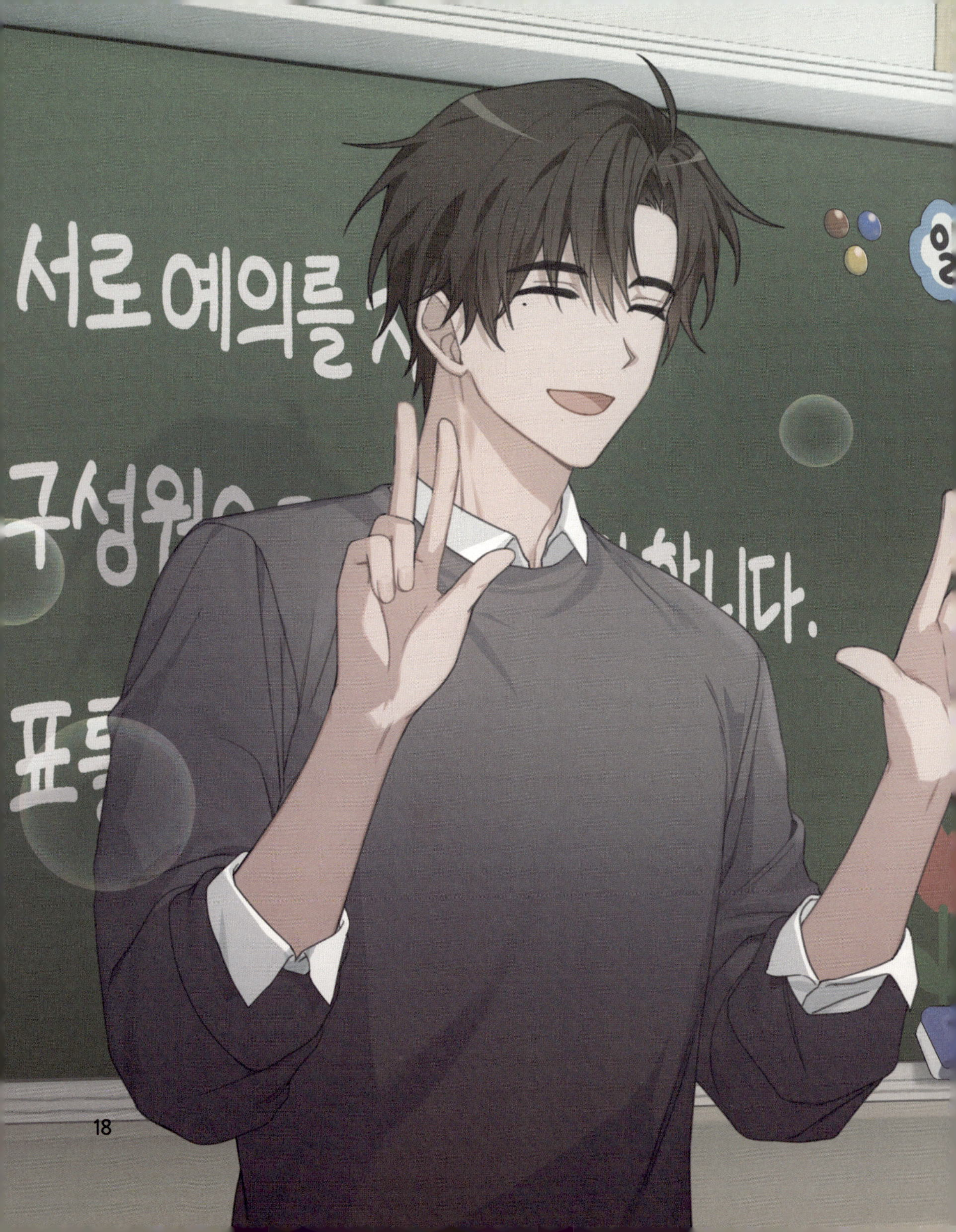
서로 예의를
구성원

아이들이 따라 하자, 선생님은 '목표 일기'라고 이름이 붙여진 공책을 들고 입을 열었어요.

"여러분은 오늘로 4학년이 되었죠? 앞으로 4학년으로서 해야 할 공부도 있을 거고, 꿈을 이루기 위해 각자 하고 싶은 일도 있을 거예요. 그러자면 목표를 세우는 게 중요해요. 그래서 선생님이 여러분의 목표 세우기를 위해 '목표 일기'를 준비했어요."

하준이는 목표를 세워 본 적이 없어서 어떻게 목표를 세워야 하는지 모르겠다고 생각했어요. 지금까지는 목표를 세워야 한다고 생각해 본 적이 없었는데, 4학년은 그래야 하는 걸까요?

"다들 어려운 표정을 짓네요. 목표 일기를 쓰는 것은 그렇게 어렵지 않아요. 맨 첫 장에 올해 목표를 적고, 한 달을 시작하면 그 달의 목표를 적고, 매일 그날의 목표와 결과를 적을 거예요. '단원 평가에서 100점 받기' 같은 걸 올해 목표로 세웠다고 해 볼까요? 그럼 3월 목표로는 '매일 복습하기' 같은 것들을 적을 수 있겠죠? 그리고 날짜마다 그날 복습해야 할 내용을 적고, 실제로 했는지 안 했는지 일기처럼 써 보는 거예요."

선생님은 이렇게 말하며 각자 이름이 붙여진 목표 일기를 반 아이들에게 나눠 주었어요. 하준이는 목표 일기 첫 장을 펴고 올해 목표를 고민했어요.

'내가 이루고 싶은 게 뭐지? 키 크기? 너무 유치하게 보일까?'

하준이는 하고 싶은 것들을 몇 가지 떠올렸지만, 하나같이 사소한 것들이라서 목표로 세우면 안 될 것 같았어요. 올해 목표라면 조금 더 거창해야 할 것 같았거든요.

하준이는 학교에서 집으로 돌아오는 내내 올해 목표에 대해 고민했어요. 얼마나 열심히 고민했는지, 옆에서 계속 수다 떠는 지은이와 서연이의 말은 들리지도 않았어요.

"하준아, 무슨 생각해?"

하준이가 어떤 말에도 대답하지 않자 지은이가 물었어요.

"어? 뭐라고?"

"너 무슨 생각하냐고 물었어."

"아, 오늘 담임 선생님이 목표 일기라는 걸 주셨거든. 그런데 올해 목표로 뭘 정해야 할지 몰라서 고민하고 있었어."

하준이는 가방에서 목표 일기를 꺼내서 지은이에게 보여 주었어요.

"음, 나라면 키 크기, 책 50권 읽기, 이런 거 적을 거야."

"목표로 적으려면 더 거창해야 하지 않을까? 작년에 독서상 받은 현수는 책을 100권이나 읽었대. 50권은 너무 적지 않아? 그리고 키는 내가 노력한다고 크는 건 아니잖아."

하준이는 지은이가 말한 것들을 목표로 적기엔 너무 사소하다고 생각했어요.

"난 괜찮은데? 나도 올해 목표로 '키 많이 크기'를 쓰고, 이달의 목표로는 '밥 골고루 먹기'로 썼는걸."

하준이와 지은이의 대화를 듣던 서연이가 말했어요.

"그래, 다른 애들 다 간단하게 썼을걸. 키가 노력한다고 꼭 크지는 않지만, 노력한다는 것에 의미가 있지 않을까? 그리고 나는 책을 좋아하긴 하지만 작년에 50권도 못 읽었어. 만약 '책 많이 읽기'를 올해 목표로 잡는다면 50권으로 정할 거야. 내 상황에 맞춰야지, 현수한테 내 목표를 맞출 수는 없잖아."

지은이도 거들며 말했어요. 하준이는 지은이의 말을 듣고 보니 그 말에 일리가 있는 것 같았어요.

"네 말이 맞는 것 같아. 간단하게 생각해 볼게. 일단 나는 이제 공부를 열심히 하기로 마음먹었으니까 '단원 평가에서 반 1등 하기'를 첫 번째 목표로 적을래."

"오~ 꿈이 꽤 큰데?"

하준이의 목표를 듣고 서연이가 말했어요.

"거창하게 생각 안 하고 간단하게 생각하겠다더니, 꿈이 엄청 큰데? 그래도 뭐, 좋지. 다른 건 뭐 적을 거야?"

지은이가 하준이를 보며 물었어요.

"음, 나도 책 좀 읽을까? 나도 작년에 50권 못 읽었으니까 올해 50권 읽을래."

"뭐야, 너도 50권 못 읽었으면서 50권은 너무 적다고 한 거야?"

"뭐, 적은 건 적은 거니까."

"하준이 너 웃긴다."

하준이가 머쓱하게 대답하자 서연이와 지은이는 웃었어요. 그렇게 헤어질 때까지 한참을 하하, 호호 웃으며 대화했어요.

하지만 그런 와중에도 하준이의 머릿속은 올해 목표로 가득 차 있었어요. 집에 가서도 어찌나 고민했는지 좋아하는 애니메이션도 못 봤답니다.

쉬는 시간

목표 세우기

단단히 마음먹고 공부하려고 자리에 앉았는데, 뭘 공부해야 할지 몰라 막막했던 경험이 있나요? 그럴 때 필요한 게 바로 목표예요. '국어 성적을 10점 이상 올리겠다.', '다음 영어 단어 시험은 만점 맞겠다.'와 같은 목표 말이에요.

이런 목표들이 있으면 계획을 세울 수 있어요. 계획이 있으면 공부를 시작하는 게 그리 어렵지 않답니다.

목표를 세울 때는 자신의 상황을 잘 파악해야 해요. 우리에게는 시간이 무한대로 주어지지 않아요. 그렇기 때문에 공부할 때도 주어진 시간을 적절히 배분하는 게 중요해요.

예를 들면 자신이 가장 부족한 과목에 가장 많은 시간을 투자하는 게 좋겠죠? 이렇듯 적절한 시간 배분을 위해서는 부족한 과목이 뭐 있는지, 어떤 부분을 공부해야 하는지 알아야 해요.

자신의 상황을 잘 파악해서 목표를 세우고, 그에 따라 계획을 세워 공부하는 친구들이 되기를 바라요.

3. 수업 시간에 딴짓하지 않기

하준이는 자기 전까지 고민해서 힘들게 적은 올해 목표를 쭉 읽어 보았어요.

"첫 번째 '단원 평가에서 반 1등 하기', 두 번째 '책 50권 읽기', 세 번째 '체력 기르기', 네 번째 '착한 아들 되기', 다섯 번째 '키 10센티미터 크기'. 좋아! 이 정도면 됐어."

"뭐가 말이니?"

아빠가 하준이의 말을 듣고 물었어요.

"아, 올해 목표예요. 담임 선생님이 목표 일기를 쓰라고 하셨거든요. 맨 첫 장에 올해 목표를 적는 건데, 이거 정하는 데 한참 걸렸어요."

"그래? 한번 봐도 될까?"

"당연하죠. 아빠가 한번 봐 주세요."

아빠는 하준이가 적은 올해 목표를 천천히 읽어 봤어요.

"하준아, 목표가 조금 더 구체적인 게 좋지 않겠니? 착한 아들은 어떻게 되려고 하는데?"

아빠의 질문을 들은 하준이는 당황했어요. 이 정도면 완벽하다고 생각했는데, 아빠 눈에는 그렇지 않은가 봐요.

"음, 그거는 매달 목표를 쓸 때 고민해 보려고 했었어요."

아빠는 능청맞게 대답하는 하준이가 귀여웠어요. 얼굴에는 당황한 기색이 가득한데, 말은 전혀 안 그런 척을 하니까요.

"그러니? 매달 목표를 또 따로 쓰는구나. 그러면 이 부분은 엄청 구체적으로 쓰지 않아도 되겠다."

"네, 그렇죠."

하준이는 아빠의 말을 듣고 한시름 놓았어요. 짧은 순간에 다시 써야 할까 많이 고민했는데, 안 그래도 되나 봐요.

"그런데 목표가 조금 현실적인 게 좋지 않겠니?"

"네? 다 현실적인 목표 아니에요? 제가 작년에 책을 서른 몇 권 읽었으니까, 올해는 늘려서 50권으로 적은 거고요. 키는 작년에 6센티미터 컸으니까, 올해는 10센티미터로 썼어요."

"음, 듣고 보니 맞는 것 같구나. 그런데 단원 평가 1등은 너무 어렵지 않겠니?"

하준이는 아빠의 말을 듣고 조금 뾰로통해졌어요.

"아빠, 제가 그동안 공부를 안 하긴 했지만 하면 잘할 거라고요. 제가 시작도 하기 전에 무시부터 하시면 어떡해요."

"아, 미안하다. 하준아. 넌 분명 할 수 있는 아이지. 하지만 공부에도 방법이란 게 있단다. 하준이 넌 어떤 방법으로 공부해야 할지 알고 있니?"

하준이는 아빠의 말을 듣고 조금 놀랐어요. 지금까지 공부라는 건 열심히 하기만 하면 되는 거라고만 생각했지, 방법이란 게 따로 있다고는 생각해 보지 못했거든요.

"음, 잘 모르겠는데요……."

"그럼 아빠가 가르쳐 줘야지. 하준이 너도 많이 들었겠지만, 아

빠가 또 공부는 잘했잖니?"

 아빠가 또 자기 자랑을 시작했어요. 하준이는 거의 외울 수도 있을 만큼 아빠의 자랑을 많이 들었어요. 아빠가 잔소리하는 것보다 더 지긋지긋하게 느껴질 정도예요.

 "네, 알아요. 아빠는 전교 1등도 해 보셨고, 선생님께서 실수로 안 배운 문제를 풀라고 하셨는데도 막힘없이 푸셨고, 다 들었어요."

 하준이는 질리도록 들었다는 걸 열심히 티를 냈어요. 사실 하준이는 아빠의 자랑을 다 믿지는 않아요. 옆집 민지 아빠, 아랫집 은수 엄마, 윗집 준영이 엄마, 그리고 거의 모든 부모님이 전교 1등을 해 봤다고 하거든요. 어떻게 그 많은 사람이 다 전교 1등을 했겠어요?

 "그렇지. 아빠는 공부를 잘했단다. 그런 만큼 공부하는 법도 잘 알지."

 하준이는 아빠의 말을 믿지는 않지만 공부하는 방법이라는 얘기에 귀가 솔깃해졌어요.

 "그 방법이 뭔데요?"

"바로, 수업을 잘 듣는 거야."

하준이의 아빠는 뭔가 비밀이라도 말하려는 듯 작은 목소리로 말했어요.

"에이, 너무 뻔한데요."

하준이는 아빠의 별것 아닌 대답에 실망했어요.

"뻔하지만 어렵지. 하준이 너는 수업을 집중해서 듣니?"

아빠의 질문을 들은 하준이는 멈칫했어요. 하준이는 보통 수업 시간에 딴짓을 더 많이 하거든요. 수업 시간에 몰래 짝꿍하고 하는 오목만큼 재밌는 게 없는데, 그걸 하려면 수업에 제대로 집중할 수는 없죠.

"아뇨. 수업은 지루하기도 하고……."

하준이는 아빠가 혼낼까 봐 쭈뼛거렸어요.

"그래, 어렵다니까. 하지만 어렵더라도 수업을 잘 듣지 않으면 공부를 잘 할 수 없단다. 배운 내용이어야 복습을 하던 자기가 아는지 모르는지 확인하든 하지 않겠니?"

아빠의 말을 듣고 하준이는 끄덕거렸어요.

"그런데 아빠, 아빠는 안 배운 문제도 풀었다고 하셨잖아요."

하준이는 아빠가 배우지 않은 문제도 막힘없이 풀었다고 한 게 기억이 났어요.

"아빠는 그냥 안 배운 문제를 푼 게 아니야. 그건 수업을 다 듣고 복습했기 때문에, 안 배운 내용도 그전 내용을 응용해서 푼 거란다. 그게 다 수업을 잘 들어서 가능했던 거지."

하준이는 아빠의 말을 믿을 수는 없었지만, 수업에 집중해야겠다는 생각은 들었어요. 하지만 그건 하준이에게 너무 어려운 일이에요. 하준이는 끝까지 집중해서 수업을 들은 적이 한 번도 없었거든요.

"아빠, 어떻게 하면 수업에 집중할 수 있을까요? 저도 수업에 집중하려고 했지만 조금만 들어도 너무 지루해서 딴짓을 안 할 수가 없어요."

"음, 하준이는 이야기 나누는 걸 좋아하지? 수업 시간을 공부하는 시간이라고 생각하지 말고, 선생님과 이야기 나누는 시간이라고 생각해 보렴. 그러면 더 집중이 잘 될 거야."

하준이는 아빠를 믿어 보기로 했어요. 이제부터 수업 시간에 선생님 말씀을 하나도 놓치지 않는 하준이가 되기로 했답니다.

4. 잊고 있었던 기초반 시험

하준이는 오늘도 스스로 일어나겠다는 다짐을 지켰어요. 게다가 일어나자마자 책상 앞에 앉았답니다. 하준이는 목표 일기의 두 번째 장을 펼쳤어요. '3월의 목표'라고 적힌 장이에요. 하준이는 제목 아래에 이번 달 목표를 적어 내려갔어요.

수업 잘 듣는 법 익히기
책 네 권 읽기

매일 한 시간 운동하기
매주 두 번 이상 집안일 돕기
매일 우유 한 팩씩 마시기

'좋아. 이 정도면 됐어. 일단 3월에는 너무 욕심내지 말자. 내일 당장 수업을 잘 듣게 될 수는 없을 테니까, 한 달 동안 익혀 나가는 거야.'

하준이는 이번 달 목표를 적고 나니 스스로 뿌듯했어요. 공책에 가지런히 적힌 목표를 보면 이미 반쯤 이뤄진 기분이 들었어요. 시작이 반이라는 말이 이런 걸 얘기하나 봐요.

"아 참, 오늘 목표도 적어야 하는데."

목표 일기를 덮으려던 하준이는 오늘 목표도 적어야 한다는 것을 깨달았어요. 이번 달 목표를 쓰고 나니 오늘 목표는 어렵지 않았어요. 수업 집중해서 듣기, 도서관 가서 책 빌리기, 줄넘기 천 개 하기, 우유 마시기. 하준이는 단숨에 오늘 목표를 써 내려 갔답니다. 하준이는 목표를 쉽게 쓴 만큼 쉽게 이루기를 바라며 목표 일기를 덮었어요.

하준이는 일찍 일어난 만큼 학교에도 일찍 왔어요. 맨날 수업 종 치기 직전에 아슬아슬하게 들어왔던 교실인데, 일찍 와서 보는 교실은 사뭇 다른 것만 같았어요.

하준이는 1교시에 수업할 국어 교과서를 펼쳤어요. 예습이 공부의 기본 아니겠어요? 수업을 잘 들으려면 어떤 내용을 배울지 미리 알아 둬야죠.

"하준아, 무슨 일이야? 네가 학교를 이렇게 일찍 오고."

오늘도 아슬아슬하게 지각을 면한 서연이에요. 작년에 서연이와 하준이는 등교할 때 약속이나 한 듯 매일 교문 앞에서 마주치는 사이였어요.

"나, 이제 학교 일찍 올 거야. 멋진 4학년이 될 거거든."

"너 어제도 목표 크게 잡더니, 정말 멋진 4학년이 되고 싶구나? 네가 갑자기 그러니까 해가 서쪽에서 뜬 것 같고 좀 어색하네. 무섭게 그러지 마."

서연이는 몇 달 전만 해도 공부 같은 것 안 해도 된다며 게으름 피우던 하준이가 이러는 게 너무 어색했어요.

"갑자기가 아니야. 내가 꿈이 생겼거든. 멋진 경찰이 되는 게 내

꿈이야. 그래서 이제 공부도 열심히 할 거야."

서연이에게 새로 생긴 꿈을 말해 주는 하준이의 눈이 반짝였어요. 그런 하준이를 보고 서연이는 하준이가 적어도 당분간은 학교에 일찍 오겠다고 생각했어요. 한편으로는 자기도 학교에 일찍 와야 하나 고민이 되기 시작했어요. 하지만 그럴 것까지는 없죠. 서연이는 달콤한 아침잠을 포기할 수는 없었거든요.

"여러분, 좋은 아침이에요. 선생님은 다시 여러분을 만날 생각에 어젯밤에 잠이 안 오던데, 여러분도 그랬나요?"

교실 안의 모두가 그랬는지, 다들 조금씩 웃었어요. 새 학기를 맞이한다는 건 모두 조금씩은 설레기도 하고, 걱정되기도 하는 일인가 봐요.

"음, 좋은 아침이지만 여러분이 조금 듣고 싶지 않을 만한 소식을 전해 줘야겠네요. 3월 22일에 기초 학력 진단 평가가 있을 거예요. 작년에도 해 봐서 알고 있죠?"

선생님의 말씀을 들은 하준이의 얼굴이 사색이 됐어요. 작년에 저 시험을 못 봐서 기초반이 됐었거든요. 하준이는 이번에 꼭 기초반을 탈출해야겠다고 다짐했어요.

"하준아, 나 이번에도 기초반 들어가면 어떡하지?"

서연이도 하준이와 같은 생각을 했는지, 기초반에 들어가게 될까 봐 걱정하고 있었어요.

서연이와 하준이가 걱정하는 건 괜한 일이 아니에요. 기초반에서도 매달 시험을 보고 성적이 잘 나오면 기초반 수업을 그만 들을 수 있어요. 하지만 서연이와 하준이, 지은이는 3학년이 끝날 때까지 결국 기초반을 탈출하지 못했어요. 그래서 올해도 가게 되는 게 아닐까 걱정하는 거랍니다.

"지은아, 우리 큰일 났어. 3월 22일에 기초반 시험 본대. 3주도 안 남았어."

하준이는 같이 하교하는 지은이에게 오늘 들은 충격적인 소식을 전해 줬어요.

"우리 반 선생님도 알려 주셨어."

지은이는 하준이와는 다르게 아무렇지 않은 듯 말했어요.

"뭐야, 너 왜 이렇게 침착해?"

지은이의 태도에 서연이가 의아해하며 물었어요.

"나는 이번 겨울 방학 내내 학원 다녔거든. 기초반 시험 정도는 잘 볼 수 있어."

 지은이는 방학 동안 국영수 학원을 다 다녔어요. 학원까지 다녔으니 자신만만할 수밖에요. 하지만 그 이야기를 듣는 하준이는 뒤통수를 맞은 기분이었어요. 다들 공부를 안 했을 줄 알았는데, 이러다가 자신만 기초반에 들어가게 되는 건 아닐지 걱정이 되기 시작했어요.

 "아, 지은이 넌 학원 다녔구나. 난 어떡하지? 하준이 너도 공부하겠다고 그러고, 이러다 나만 기초반 들어가게 될까 봐 걱정돼. 나는 진짜 영어랑 수학은 자신 없는데……."

 서연이도 똑같은 걱정을 한 모양이에요.

 "그러지 말고 우리도 공부하자. 열심히 공부하면 기초반 안 들어갈 수 있을 거야."

 "그래, 나도 열심히 해 볼게."

 서연이와 하준이는 각자 공부를 열심히 해야겠다고 다짐했어요. 앞으로 3주도 안 남은 시간이지만 열심히 공부하면 할 수 있지 않을까요?

5. 천릿길도 한 걸음부터

하준이는 요즘 기초반에 들어가지 않으려고 많이 노력하고 있어요. 하지만 노력만큼 잘 되는 것 같지 않았어요. 하준이는 공부를 시작만 해도 교과서 내용이 머리에 쏙쏙 들어올 줄 알았는데, 교과서를 보니 모르는 말투성이지 뭐예요.

'시비' 같은 단어도 하준이를 괴롭히는 단어였어요. 국어 교과서 속 주인공이 자꾸 상대방에게 시비를 가려보자고 하는데, 하준이는 이 말을 정확히 이해할 수 없었어요. 분위기는 꼭 싸우자는 분위기인데, 혹시 시비를 걸라는 얘기가 아닐까요? 하준이는 한참을 글자만 쳐다보고 있었어요. 그러자 꼭 글자가 하준이에게 시비를 거는 것만 같았어요.

"엄마, 시비가 무슨 뜻이에요?"

한참을 고민하던 하준이는 엄마에게 가서 물었어요.

"시비가 무슨 뜻이냐고? 시비 건다고 할 때 그 시비?"

엄마는 의아하다는 표정으로 하준이에게 물었어요. 그도 그럴 것이, 엄마는 하준이가 시비 건다는 말을 모른다고 생각하지 않았거든요. 하준이가 1학년 때, 친구와 싸우고 와서는 그 친구가 먼저 시비를 걸었다며 씩씩댔던 것을 기억하니까요.

"어, 그런 말인지는 잘 모르겠어요."

"어떤 상황에서 나온 말이니?"

하준이는 들고 있던 교과서를 엄마에게 건네줬어요.

"여기 문단에서 주인공이 자꾸 시비를 가려보자고 말하는 부분이에요."

"아, 여기서 말하는 시비는 '옳고 그름'이라는 뜻이란다."

"옳고 그름이요?"

하준이는 의외라는 듯한 표정을 지었어요.

"응, 한자로 '시(是)' 자는 옳다는 뜻이고 '비(非)' 자는 그르다는 뜻이야."

"그런 말이었구나. 저는 주인공이 자꾸 자기한테 시비를 걸라는 줄 알았어요."

하준이는 시무룩한 표정을 지으며 말했어요.

"그럴 수 있지. 발음이며 모양이며 다 같은 단어인걸. 한국어 단어에는 한자어가 많아서 발음도, 모양도 같은데 뜻은 다른 한자가 많지. '시비(是非)'도 '옳고 그름'이라는 뜻이 있는가 하면, '옳고 그름을 따지는 말다툼'이란 뜻도 있지. 한자도 똑같은데, 쓰임이 두 가지인 경우야. 그래서 헷갈릴 수도 있어."

엄마는 고개를 끄덕이며 말했어요.

"그럼 가려보자는 말은 무슨 말이에요? '손으로 눈을 가린다'라고 할 때 '가리다'를 말하는 거예요?"

"음, 가려보자는 말은 따져 본다는 말이랑 비슷해. 뭐가 옳고 뭐가 그른지 따져 보고, 뭐가 좋고 싫은지 따져 보고."

하준이는 이해는 했지만 쉬운 것 같으면서도 어려운 국어에 진이 빠지는 기분이었어요.

"네, 이해는 됐어요. 그런데 엄청 어렵네요. 교과서 펼친 지 얼마나 됐다고 벌써 모르는 말이 나오고, 앞으로 공부 못할 것 같아요."

"원래 어려운 거야. 그래서 책을 많이 읽어야 해. 하준아, 작년에 읽은 책들 떠올려 볼래? 책이 다 아는 단어로만 이루어져 있었니?"

엄마의 말을 들은 하준이는 고개를 저었어요. 작년에 권장 도서라고 해서 읽은 책에는 모르는 단어가 엄청 많았거든요. 그때 엄청 고생하면서 읽은 기억이 아직도 선명해요.

"아니었지? 너 작년에 책 읽으면서 '이건 뭐예요?', 또 '저건 뭐예요?' 하고 물었던 거 기억하니? 그런데 만약 지금 다시 그 책을 읽으라고 한다면 어떨 것 같니? 지금도 그 단어들이 무슨 뜻인지 모를 것 같니?"

하준이는 곰곰이 생각하더니 대답했어요.

"아니요, 읽을 수 있을 것 같아요. 그때 몰랐던 단어들이 기억나는데, 이제는 아는 단어들이거든요."

"그렇지? 책이란 게 그렇단다. 읽으면서 모르는 단어가 있으면

앞뒤 내용을 보고 무슨 뜻일지 먼저 생각해 보게 되지. 그리고 그 단어가 무슨 뜻인지 알아보면 네 생각이 맞았든 틀렸든 나중에 그 단어를 보면 뜻이 더 기억이 잘 날 거야. 왜냐하면 책 내용하고 같이 떠올리게 되니까 말이야. 그래서 책을 많이 읽으라는 거란다."

엄마는 하준이의 머리를 쓰다듬으며 말했어요. 엄마의 말을 들은 하준이는 책을 많이 읽어야겠다고 다짐했어요.

책을 읽으면 상상력이 좋아지고 공감 능력이 좋아진다니, 거기다 단어 공부도 할 수 있고 지금 하준이의 문제를 해결해 줄 좋은 방법 같았어요. 시간은 좀 오래 걸리겠지만요.

엄마는 고개를 끄덕이며 책을 많이 읽어야겠다고 말하는 하준이가 기특했어요. 거기다가 하준이가 스스로 공부를 하고 있다니! 이런 기특한 일이 또 있을까요.

"하준아, 엄마는 네가 어려워하기는 하지만 스스로 공부를 하고 있다는 게 너무 기특하단다. 열심히 하다 보면 단어도 많이 알게 되고 모르는 것도 없어질 거란다. 힘내렴."

"네, 열심히 해 볼게요."

하준이는 엄마의 응원에 힘을 얻고 방으로 돌아가 다시 공부를 시작했어요.

"하준아, 안 자니? 벌써 11시인데."

하준이가 밤늦게까지 방 불을 끄지 않자 하준이의 엄마가 들어왔어요.

"잠깐만요, 오늘 목표를 아직 다 못 채웠어요."

엄마의 말을 듣고 하준이는 목표 일기를 쳐다봤어요. 목표 일기를 본 하준이는 망했다는 생각이 머리에 가장 먼저 떠올랐어요. 아직 목표를 하나도 못 채웠거든요. 그럴 만도 했죠. 지금 당장 모르는 단어를 책을 읽으면서 익힐 수는 없는 노릇이라 모르는 단어를 하나하나 다 찾아봐야 했거든요. 그러니 당연히 시간이 오래 걸릴 수밖에요. 오늘의 첫 번째 목표는 바로 3학년 국어 교과서 다시 보기였는데, 하준이는 설마 이것도 다 하지 못할 거라고는 생각하지 않았어요. 그런데 이것도 다 못했으니 매우 당황스럽고 다급한 마음이 들었어요.

"오늘 목표가 뭐였는데? 너무 무리하는 것 아니니?"

"두 개밖에 안 돼요. 3학년 국어 교과서 다시 보는 것하고, 3학년 수학 문제집 30쪽 풀기예요."

엄마는 하준이의 말을 듣고 놀랐어요.

"뭐? 너무 많은 것 아니니? 어떻게 오늘 하루 만에 그걸 다 하겠니? 그거 절반도 힘들겠다."

"엄마, 저는 다른 애들보다 못하니까 많이 해야 해요."

하준이는 어쩔 수 없다는 듯 말하고 고개를 푹 숙였어요.

"하지만 하준아, 이건 다 못하는 게 당연한 거야. 오늘은 그만하고 자, 내일은 목표를 더 작게 세우렴."

오늘 이걸 다 하지 못하면 기초반 시험까지의 계획이 다 틀어져요. 그렇다고 다른 날 공부를 더 하자니, 그날 목표만 해도 벅찰 것 같아서 하준이는 걱정이 됐어요.

"아냐, 하준아. 어차피 다 못 끝내. 얼른 자렴."

엄마는 공부하는 하준이가 기특하기는 했지만 그렇다고 잠을 줄이는 건 용납할 수 없었어요. 잠을 줄이다 보면 결국 나중에 몸이 힘들어진다는 것을 알고 있었거든요.

"네, 얼른 잘게요."

하준이는 엄마의 말을 순순히 들을 수밖에 없었어요. 하지만 침대에서도 하준이의 머릿속은 밀린 공부로 가득 차 있었답니다.

쉬는 시간
최고의 공부는 책 읽기

여러분은 책을 왜 읽나요? 재밌어서 읽는다면 다행이지만, 많은 친구들이 부모님이 읽으래서 읽고, 또 숙제라서 읽는다고 해요. 아예 안 읽는 친구도 있고요. 하지만 책을 읽는 것은 공부에 아주 큰 도움이 된답니다.

독해력이라는 말을 들어 봤나요? 독해력이란 글을 읽고 그 내용과 글쓴이의 의도를 이해하는 능력이에요. 교과서, 시험 문제는 글로 이루어져 있어요. 교과서를 잘 읽고 시험 문제를 잘 이해하려면 글을 잘 읽을 수 있는 독해력이 필요해요.

그리고 독해력을 기르는 가장 좋은 방법은 책을 많이 읽는 거랍니다. 또 책을 읽으면 독해력을 기르는 동시에 지식 습득과 간접 경험을 늘릴 수 있으니 일석삼조의 효과를 얻을 수 있답니다.

6. 포기 선언

하준이의 엄마는 요즘 걱정이 이만저만이 아니에요. 요즘 하준이가 통 기운도 없고, 아무것도 하기 싫다는 말만 입에 달고 살거든요. 하준이에게 무슨 일이 있는 걸까요?

"정말 아무것도 하기 싫어."

책상 앞에 앉은 하준이는 문제집 위로 들고 있던 연필을 던졌어요. 정말 말 그대로 아무것도 하기 싫었거든요. 산처럼 쌓인 문제집과 교과서가 어깨를 무겁게 짓누르는 것 같고, 하루하루 세워둔 목표는 엄청난 스트레스가 되어 돌아왔어요.

하준이는 아무래도 오늘은 더 이상 책상 앞에 앉아 있지 못하겠다고 생각했어요. 그동안 좋아하는 애니메이션도 못 보고 공부에만 매달렸는데, 이렇게 계속 살 수는 없다는 생각이 들었어요. 마침 애니메이션이 시작할 시간이 되었어요. 하준이는 '에라, 모르겠다.' 하고 애니메이션을 보기로 했어요.

일주일 동안 텔레비전을 보지 않던 하준이가 텔레비전을 보러 나오자 엄마는 놀랐어요. 하준이가 오늘은 목표한 공부를 다 해낸 것인지 궁금했지요.

"하준아, 오늘은 어쩐 일이니?"

"오늘 더는 책상 앞에 못 앉아 있겠어요. 저는 진짜 공부 체질이 아닌가 봐요."

하준이는 반 포기 상태였어요. 매일 쌓이는 공부는 너무 버겁고, 재미도 없었어요. 그리고 공부는 하면 할수록 스스로가 바보같이 느껴졌어요. 책을 펼치기만 하면 모르는 단어가 한 가득이고, 분명 배운 건데도 기억이 안 나⋯⋯. 이런 일들의 반복이니 하준이가 지칠 수밖에요.

"그래도 요즘 열심히 했는걸. 조금 더 견디면 너 스스로 공부 체질이라고 생각할지도 모르는 거잖니?"

엄마는 하준이가 자는 시간도 미루고 열심히 하는 걸 봤어요. 그래서 하준이의 지친 모습이 안타까웠지요.

"아뇨, 정말 꾸역꾸역 하는 거예요. 저는 바보가 분명해요. 그러니까 맨날 어제 공부한 걸 까먹고, 배운 건데도 배웠는지 안 배웠는지 모르겠고."

하준이는 의지만큼 따라와 주지 않는 자기 머리에 좌절했어요. 시작이 반이래서 시작만 해도 공부가 잘될 줄 알았는데, 그렇지도 않았고요.

"네가 너무 지쳤나 보다. 오늘은 텔레비전 보면서 좀 쉬고 내일부터 다시 해 보렴."

"네, 일단 오늘은 쉴래요."

하준이는 저녁 내내 텔레비전만 보며 원 없이 쉬었어요. 엄마 말대로 내일부터는 진짜 해야겠다고 다짐하면서요.

하준이의 다짐은 지켜지지 못했어요. 한 번 쉬고 나니까 매일 쉬고 싶었고, 어쩌다 한 번 연필을 들고 싶은 날이면 문제를 풀다가도 너무 많은 목표에 지쳐서 결국 공부는 하지 않게 되었죠.

"하루 쉬니까 맨날 하기 싫잖아. 역시 나 같은 건 공부하는 게 아니야. 그냥 놀기나 해야지."

하준이는 결국 지쳐서 포기해 버렸어요. 열심히 듣던 수업도 이젠 거의 듣지 않고 다시 딴짓하기 시작했어요. 한번은 딴짓하다가 선생님께 걸려서 크게 혼나기도 했고요.

엄마, 아빠는 이런 하준이를 보는 게 마음이 아팠어요. 개학 날 공부를 시작해 보겠다며 의기양양했던 하준이는 온데간데없고, 자신감을 잃어버린 하준이만 남았으니까요.

하준이도 마음이 편했던 건 아니에요. 열심히 놀기는 했지만, 마음 한쪽에는 걱정이 남아 있었어요. 기초반 시험을 망칠까 봐 늘 걱정이 이만저만이 아니었어요.

3주 동안 열심히 해서 기초반 시험을 잘 보기로 했었는데, 겨우 1주 넘기고 포기해 버렸으니 걱정될 수밖에요. 하지만 걱정된다고 해서 다시 공부가 하고 싶지는 않았어요. 걱정은 걱정일 뿐, 공부는 재밌게 해 주지는 못하거든요. 하준이는 자포자기하는 마음으로 그저 기초반 시험을 기다릴 뿐이었어요.

7. 긴장되는 기초 학력 진단평가

하준이는 오늘 늦잠을 잤어요. 오늘은 절대 눈을 뜨고 싶지 않았거든요. 맞아요. 오늘은 3월 22일, '기초 학력 진단평가'가 있는 날이에요.

"우리 하준이가 오늘은 무슨 일로 늦잠을 다 잤을까?"

하준이는 그동안 공부는 안 했어도 일찍 일어나겠다는 결심은 지켜왔어요. 엄마는 그런 하준이가 늦게 일어나자 걱정이 되었어요. 일찍 일어나는 것도 공부처럼 포기해 버리는 건 아닐까 하고요.

"엄마, 오늘이 디데이에요. 기초반 시험 날 말이에요. 오늘 시험을 못 보면 기초반에 들어가야 해요. 기초반에 들어가기 싫어서 3주 동안이라도 열심히 공부하려고 했는데, 힘들어서 포기하는 바람에 공부를 많이 안 했잖아요. 이대로라면 기초반에 들어갈 게 확실해요."

"그래서 오늘 학교 가기가 싫었나 보네. 늦잠을 다 자고."

엄마는 잔뜩 기가 죽은 하준이를 위로해 주고 싶었어요.

"하준아, 시험 좀 못 보면 어때. 기초반 들어가면 되고, 들어가서 열심히 공부하면 되지. 너무 긴장하지 말고 시험 봐. 괜히 긴장해서 탈이라도 나면 어떡하니? 그냥 가볍게 시험 보고 오렴."

하준이는 엄마의 말에 조금 안심이 되었어요. 기초반이 별것 아닌 것처럼 느껴지기도 하고요. 하지만 기초반에 정말 들어간다고 생각하면 너무 끔찍했어요.

경찰이 되겠다며 열심히 공부하겠다고 큰소리를 쳤는데, 또 기초반에 들어가면 부모님과 친구들 얼굴을 보지 못할 것 같았어요. 엄마도 괜찮다고 말하긴 했지만 내심 기초반에 가지 않기를 바랄 것 같았어요. 하준이는 만약 기초반에 가게 된다면 엄마 얼굴을

똑바로 쳐다볼 수나 있을까 하는 걱정이 들었어요. 걱정이 더 커진 것 같은 기분이었죠.

"자, 다들 알다시피 오늘은 기초 학력 진단평가가 있는 날이죠? 이 검사는 학생들이 새로운 학년에서 배우는 내용을 잘 배울 수 있는 능력이 있는지 평가하는 검사예요. 스스로 작년에 공부를 잘 했는지 점검해 보는 것도 좋을 것 같아요."

하준이는 긴장해서 선생님의 말씀이 하나도 귀에 들어오지 않았어요. 하준이 뒤에 앉은 서연이도 머릿속이 새하얘졌어요.

"국어, 영어, 수학, 사회, 과학 다섯 과목 볼 거고 각 스물다섯 문제로 이루어져 있어요. 종 칠 때까지 풀면 돼요. 이제 시험지 나눠 줄게요."

하준이는 시험지를 받고 문제를 풀어 나가기 시작했어요. 시간이 지날수록 하준이의 얼굴은 하얗게 질리기 시작했어요. 긴장 탓인지 문제는 눈에 들어오지도 않고, 모르는 단어가 너무 많았어요. 하준이는 자기가 이런 걸 배운 적이나 있나 싶을 정도로 문제가 어렵게 느껴지자 연필을 그만 내려놓고 싶었어요. 하지만 하는

데까지는 해 봐야 하니까, 하준이는 연필을 고쳐 잡았어요. 하준이가 문제와 눈싸움을 하는 동안 이십여 분이 지나자 반 친구들이 하나둘씩 문제지를 덮기 시작했어요.

　하준이는 주변을 둘러보고 마음이 더 조급해졌어요. 급한 마음으로 고민해서 그런지 답이 더 안 나오는 듯했어요. 하준이는 결국 찍는 수밖에 없었죠. 3번 하나로만 찍으면 티가 나니까, 문제 하나마다 나름 고민해서 다른 답을 적어 냈어요.

"하준이하고 서연이, 선생님 좀 볼까?"

　드디어 그날인가 봐요. 하준이가 기초반에 들어가는 날이요. 선생님이 하준이와 서연이만 따로 부르는 걸 보면 분명해요.

　"지난번에 봤던 시험 있지? 부모님께는 말씀드렸는데, 너희한테도 말해야 해서 불렀단다. 너희가 기준 점수에 도달하지 못한 과목이 있어서 기초반에 들어가야 해. 하준이는 국영수 점수가, 서연이는 영어랑 수학 점수가 기준 점수보다 낮아. 그래서 기초반 수업을 들어야 한단다. 하준이는 사회랑 과학은 기준을 넘기기는 했는데 그래도 점수가 낮은 편이라 이 과목들도 같이 수업을 들으면 좋을 것 같은데, 어떻니?"

하준이는 눈앞이 캄캄해졌어요. 예상은 했지만, 진짜로 기초반에 가게 된다니 기분이 좋지 않았어요. 하준이는 조금만 더 공부할 걸 싶었어요.

'그냥 한 줄로 3번을 죽 찍는 게 나았을지도 몰라.'

얼핏 이런 생각도 들었어요. 그래도 사회랑 과학 시험은 아는 문제들이 있어서 꽤 잘 봤을지도 모른다고 생각하고 있었는데, 그것들마저도 점수가 낮다니 엄청 실망했어요.

하준이는 정말 기초반에 들어가기 싫었어요. 공부를 열심히 해야겠다고 다짐하긴 했지만 기초반에 들어가는 일은 꼭 '공부 못하는 아이'라고 이마에 딱지가 붙여지는 것 같아서 기분이 안 좋았어요. 기준 점수에 도달하지 못했다고 해서 꼭 기초반 수업을 들어야 하는 건 아니지만, 하준이의 부모님은 학교에서 기초반 수업을 들으라고 할 게 틀림없을 거예요.

"네, 선생님. 선생님 말씀대로 기초반 수업을 듣는 게 좋을 것 같아요."

"저도요."

서연이는 시무룩하게 대답했어요. 올해는 그래도 시험을 앞두고 공부를 했으니까 기초반에 들어가지 않을 줄 알았는데, 작년처럼 다시 기초반에 들어가게 된다니까 속상했거든요.

하준이와 서연이는 하굣길에 지은이를 만났어요. 지은이도 기초반에 들어갔는지 궁금했지만, 아닐 것 같아서 둘 다 섣불리 말을 꺼내지 못했어요. 하지만 궁금해서 결국 하준이가 먼저 입을 열었어요.

"지은아, 오늘 우리 둘 다 기초반에 들어가게 됐어. 넌 아니지?"

"응, 난 안 부르셨어. 아닌 거겠지?"

지은이는 잘 모르겠다는 듯 말했지만, 기초반이 아닌 걸 확신하는 듯했어요. 지은이는 이번에 시험을 꽤 잘 봤거든요.

"부럽다."

서연이가 나지막이 말했어요.

"너네, 공부하겠다더니 어떻게 된 거야?"

지은이가 하준이와 서연이에게 물었어요. 분명 3월 초만 해도 기초반 안 들어가고 싶으니까 공부하겠다고 했던 하준이와 서연이었는데, 왜 기초반에 들어가게 됐는지 궁금했거든요.

"하려고 했는데, 잘 안 됐어."

"좀 더 열심히 했어야지. 아니면 차라리 나처럼 학원이라도 가든지."

지은이가 툭하고 내뱉은 말에 하준이는 자존심에 상처가 났어요. 안 그래도 속상한 하준이는 좀 더 열심히 해야 했다는 말이 더 거슬렸지만, 공부를 중간에 포기한 게 떠올라 자꾸 마음 한쪽이 불편해졌어요.

"넌 내가 열심히 했는지 안 했는지 모르잖아. 나도 열심히 했어. 네가 뭘 안다고 함부로 그렇게 말하니?"

하준이는 자기도 모르게 화를 냈어요. 그 바람에 지은이도 하준이의 말을 듣고 순간 놀란 표정을 지었어요. 하준이가 화를 내서 놀란 것도 있지만, 자신이 하준이에게 상처를 줬다는 것을 깨달았거든요. 하지만 이내 지은이는 기분이 나빠졌어요.

지은이가 보기에 지난 한 달간 하준이가 열심히 하지는 않았거든요. 그래서 지은이는 하준이가 괜히 자기한테 화풀이하는 것처럼 여겨졌어요. 그러니 미안한 마음보단 억울하고 짜증 나는 마음이 더 클 수밖에요.

"너 솔직히 열심히 안 했어. 내 말 맞지? 너 맨날 놀고, 얼마 전에도 수업 시간에 딴짓하다가 걸려서 혼났다고 했거든. 열심히 하지도 않았으면서 왜 나한테 화를 내? 내가 말을 좀 기분 나쁘게 하긴 했지만, 너 좀 웃긴다."

하준이는 더더욱 상처를 주는 지은이의 말에 화가 났지만, 지은이에게 더 뭐라고 하지는 못하고 그저 씩씩대면서 다른 길로 가 버렸어요.

'자기가 이번에 공부 좀 했으면 다야? 그렇다고 남한테 상처 주면 안 되는 거 아닌가? 어이없어. 다 학원 덕이면서. 진짜 재수 없어.'

하준이는 지은이랑 절교하겠다고 다짐했어요. 말을 그렇게 함부로 하는 친구랑은 친하게 지낼 수 없는 거 아니겠어요? 하준이는 지은이가 같이 기초반이었을 때는 이러지 않았는데, 공부 좀 하더니 변한 것 같다고 생각했어요.

'지은이 너랑 친구 안 해! 너 완전 이상한 애야.'

8. 복수할 거야

 다음 날 아침, 하준이는 푹 가라앉은 기분으로 학교에 갔어요. 오늘도 지각할 듯 말 듯 학교에 온 서연이가 하준이를 보자마자 물었어요.
 "하준아, 괜찮아? 어제 그렇게 가서 걱정했어."
 하준이는 어제 내내 한 번은 지은이한테, 한 번은 자신한테 짜증이 솟구치느라 다른 것을 생각할 겨를이 없었어요. 그래서 학교에서 서연이를 보고 나서야 어제 서연이를 덩그러니 두고 갔다는 것이 생각났어요.

"미안해, 서연아. 어제 갑자기 싸우고 그냥 가 버려서. 너무 화가 나서 네 생각이 안 났어."

"괜찮아. 지은이가 나한테 그렇게 말했으면 나도 그렇게 갔을 거야. 어제는 지은이가 너무 말이 심했어. 우리 안 그래도 속상했었는데, 그런 식으로 말하니까 더 속상해지더라."

서연이도 어제 내내 하준이와 같은 마음이었으니, 지은이의 말이 기분 좋게 들릴 수는 없었을 거예요.

하지만 서연이는 둘이 얼른 화해했으면 하는 마음도 있었어요. 친구들이 싸울 때 사이에 껴 있는 건 정말 피곤하거든요. 그리고 서연이는 지은이가 스스로 말실수했다고 생각하면 당황해서 말을 더 심하게 한다는 걸 알고 있었어요. 지은이도 그러고 싶어서 그런 게 아니었을 텐데, 하준이가 그런 지은이를 이해해 주기를 바랐죠. 하지만 지금 무척 화가 나 있는 하준이에게 그렇게 말할 수는 없는 거 아니겠어요? 그래서 서연이는 일단은 입을 꾹 다물었어요.

오늘은 수업이 6교시까지 있는 날이에요. 안 그래도 지루한 6교시인데, 바로 전 시간에 체육을 하고 와서 아무도 수업에 집중하지 못하고 있었지요. 서연이도 예외는 아니었어요. 사회 교과서 한 귀

통이에 낙서하던 서연이는 뭔가 이상함을 느꼈어요. 앞자리에 앉은 하준이의 고개가 칠판에 고정되어 있지 뭐예요? 서연이는 칠판에 뭔가 재밌는 게 그려져 있나 싶어 칠판을 이리저리 둘러봤어요. 하지만 그런 건 코빼기도 보이지 않았어요.

"하준아, 안 졸려? 웬 집중?"

서연이는 하준이의 어깨를 톡톡 건드리고 속삭였어요.

"나 수업 들어. 집중하고 있으니까 이따 얘기하자."

수업을 듣는다니요? 심지어 서연이가 부르는데 뒤도 안 돌아보고 나중에 얘기하자고 하고. 이건 있을 수 없는 일이에요. 서연이는 하준이가 언제부터 이랬나 싶어 곰곰이 생각해 봤어요. 천천히 기억을 되짚어 보니 오늘 종일 이랬던 것 같았어요. 서연이는 하준이한테 뭔 일이 있었나 싶어서 이따가 물어보기로 했어요.

"하준아, 너 오늘 수업 왜 이렇게 열심히 들었어?"

서연이는 종례가 끝나기 무섭게 하준이에게 물었어요.

"복수하려고."

서연이에게 대답하는 하준이의 눈이 이글거렸어요. 서연이가 그런 하준이를 무섭게 느낄 정도로요.

"무슨 복수?"

"지은이한테 복수할 거야. 내가 지은이보다 더 공부 잘해서 지은이 코를 납작하게 해 줄 거야."

하준이가 지은이네 반이 있는 쪽을 노려보면서 말했어요. 지은이가 보이지도 않으면서요.

"아, 지은이한테 하는 복수였구나. 복수를 공부로 하기로 한 거야? 그건 아닌 것 같은데……."

서연이는 복수를 공부로 하겠다는 하준이가 잘 이해되지 않았어요. 물론 지은이가 하준이를 무시한 게 공부 때문이니 하준이도 공부로 본때를 보여 주고 싶은 마음은 이해해요. 하지만 그 복수 방법은 하준이 자신도 괴로운 방법이지 않을까 싶었죠. 하준이는 남 골탕 먹여 주자고 자기 힘든 일을 할 정도로 독한 친구는 아닌데, 아무래도 지은이한테 엄청 화가 났나 봐요.

"응, 다른 거로는 못해. 내가 오늘 1교시에 열심히 생각해 봤는데, 눈에는 눈, 이에는 이라는 말이 딱 맞아. 나도 열심히 할 수 있다는 거 보여 줄 거야. 그리고 내가 열심히 하면 지은이 걔보다 잘할 수 있다고 알려 줘야지."

하준이는 지은이에게 꼭 보여 주고 싶었어요. 하준이도 열심히 할 수 있고, 또 잘할 수 있다는 걸요. 그래서 하준이는 포기해 버렸던 공부를 다시 하기로 마음먹었어요.

하준이는 오랜만에 목표 일기를 꺼내서 맨 첫 장을 펼쳤어요. 맨 첫 줄인 '단원 평가에서 반 1등 하기'에 줄을 찍찍 그어 버렸어요. 그 대신 새로운 목표로 '공부로 지은이 이기기'라고 적어 넣었어요. 목표로 써 두고 나니 하준이의 마음은 더 활활 불타올랐어요.

이런 하준이의 마음이 얼마나 갈까요? 과연 하준이는 지은이에게 복수할 수 있을까요?

9. 새로운 시작

하준이가 복수를 다짐한 날부터 2주가 지났어요. 2주 동안 하준이는 수업을 정말 열심히 들었어요. 딴짓 한번 한 적 없을 정도로요. 하준이한테는 최장 기록이에요. 저번에는 1주를 겨우 넘겼으니까요.

하준이는 이번만큼은 포기하지 않을 거라고 확신했어요. 저번에는 왜 공부가 어렵기만 했는지 곰곰이 생각해 보고, 두 가지 이유를 찾아냈거든요.

일단 첫 번째 이유는 처음 공부해 봐서 너무 마음만 앞섰다는 점이에요. 당장 교과서 내용도 이해하지 못하면서 한 단원을 통째로 예습하려고 했으니 너무 어렵게 느껴지는 게 당연했죠.

또 다른 이유는 공부하는 방법을 몰랐다는 점이에요. 하준이의 아빠가 공부 잘하는 최고의 방법은 수업을 잘 듣는 것이라고 알려 주었지만, 하준이는 딱 거기까지만 알았거든요. 하준이는 배운 내용을 그날 복습하지 않았어요. 하려다가도 다음으로 미뤄 버리곤 했죠. 아빠는 복습하면서 수업을 다시 떠올려 보면 공부가 잘 된다고 했는데, 하준이는 그걸 안 한 거죠.

하준이는 이 두 가지 이유를 생각해 보고 할 수 있는 만큼 제대로 하기로 다짐했어요. 자기 방 책상 앞에도 멋들어지게 써서 붙였어요. 매일 마음에 새기며 공부할 수 있게요.

"할 수 있는 만큼, 제대로 하자."
"오, 멋진데?"
2주 전 하준이가 자기의 다짐을 종이에 써서 책상 앞에 붙인 날이에요. 아빠가 하준이의 방에 들어왔다가 책상 앞에 붙은 종이를 보고 말했어요.

"이번에는 제대로 하려고요. 저번처럼 빨리 포기해 버리지 않으려고 이렇게 썼어요."

"그래, 실패를 돌아보는 건 좋은 거야. 그런데 이것 참 보면 볼수록 맞는 말이구나. 공부는 자신의 상황에 맞게 하면서도 제대로 해야 하는 거지."

아빠는 공부가 어렵기만 하다며 포기해 버린 하준이가 내심 안타까웠어요. 그런데 그런 하준이가 금방 다시 공부하려고 마음먹고 이런 말까지 생각해 내다니, 너무 기특하지 뭐예요? 아빠는 하준이를 더 도와주어야겠다고 생각했어요.

"공부하는 시간을 정해 보는 건 어떻겠니? 친구들하고 노는 시간은 노는 시간대로 두고, 저녁 8시부터 9시까지는 공부하는 시간으로 딱 정하는 거지."

아빠의 말을 들은 하준이는 조금 이상하게 생각했어요. 공부를 딱 한 시간밖에 안 하는 것도 그렇고, 공부하기로 마음먹었는데 친구들하고 놀기도 하라니 영 이상하잖아요.

"한 시간은 너무 짧지 않을까요? 그리고 공부해야 하는데 친구랑 놀면 안 될 것 같아요."

"하하, 하준아. 할 수 있는 만큼 하기로 했지? 할 수 있는 만큼 하겠다는 말은 네가 지치지 않을 만큼 하겠다는 말도 된단다. 친구들이 놀자는 것도 매번 거절하고 공부하다 보면 금방 지치고 말 거야."

하준이는 저번에 지은이와 서연이가 떡볶이 먹으러 가자고 했던 일을 떠올렸어요. 그때 막 공부하겠다고 마음먹은 때였는데, 서연이와 지은이가 하도 가자고 하니까 결국 유혹을 못 이기고 떡볶이집에 따라가 버렸거든요. 그날 공부하기로 한 분량이 장수로 하면 거의 스무 장인데, 친구들과 떡볶이를 먹고 와서 하려니까 다 할 수 없었어요.

"무슨 말씀인지 알았어요. 저번에 애들하고 딱 한 번 놀고 오니까 계획이 다 무너지더라고요. 평생 친구들하고 안 놀 것도 아닌데, 그 시간을 생각 못 했어요. 하지만 맨날 놀 것도 아닌데, 안 노는 날에는 뭐 해요?"

"네가 하고 싶은 걸 하면 되지. 목표 일기에 쓴 것처럼 운동도 하고, 책도 읽고. 그러다가 네가 하고 싶으면 공부도 하고."

"제가 공부하고 싶어질 리가 없잖아요. 그날그날 해야 할 걸 정해 둬야 억지로라도 할 텐데, 자유 시간이 너무 많으면 안 돼요."

하준이는 고개를 절레절레 저었어요. 공부가 하고 싶다니! 그런 말은 평생 들어 본 적도 없는 말이에요. 하준이 스스로 할 말은 죽어도 아니고요.

"뒤집어서 생각해 봐야지. 해야 할 걸 너무 많이 정해 둬서 억지로 하게 되는 걸 수도 있잖니. 억지로 하지 않을 만큼만 계획을 세워 두면 공부가 하고 싶어질 수도 있지 않겠니?"

하준이는 아빠의 조언이 그럴듯하게 들렸어요. 그래서 이번에도 아빠를 믿는 것이 좋을 것 같다는 생각이 들었어요. 하준이는 종이에 적은 '할 수 있는 만큼'이란 글자에 빨간 펜으로 줄을 그었어요. 아빠의 말도 마음에 새기고 싶었거든요.

10. 이렇게만 하면 나도 1등?

요즘 하준이는 아침에 눈을 뜨자마자 목표 일기를 펼치는 습관이 생겼어요. 하준이는 이 습관이 꽤 마음에 들었어요. 그날 공부할 것을 미리 생각해 적어 두면 하루를 제대로 시작하는 느낌이 들거든요.

4월 18일
1번 : 오늘 배운 것 쉬는 시간에 복습하고 집에 와서 보충하기

2번 : 어제 외운 영단어 15개 복습하고 새 영단어 15개 외우기
3번 : 수학 문제집 5장 풀기

　하준이가 적는 목표는 매일 비슷해요. 1번과 2번은 매일 적는 고정 목표고, 3번은 매일 달라지는 목표예요.
　어떤 날은 수학 공부를, 어떤 날은 사회나 과학을, 어떤 날은 영어 동화를 읽거나 하는 거죠. 가끔 더 하고 싶은 게 있는 날은 목표를 한 가지 더 쓰곤 하지만 그래도 양이 많지는 않아요. 한 단원 예습하기, 수학 문제집 30쪽 풀기처럼 너무 많은 목표를 적었던 예전의 하준이가 아니랍니다.
　하준이는 다시 공부를 시작한 이후로 조금씩 공부에 재미를 붙여 나가는 중이에요. 아빠 말처럼 목표를 적게 세우니까 지치지도 않고 부족하다 느끼면 스스로 공부하는 날도 생겼어요. 하준이는 수업도 열심히, 재밌게 듣는답니다. 공부가 재밌게 느껴지니까 수업도 재밌게 느껴졌거든요.
　오늘도 하준이는 학교가 끝나고 서연이와 놀지 않고 집에 일찍 왔어요.

"집에 빨리 온 김에 공부를 일찍 시작해야겠다."

먼저 오늘 배운 내용을 잊어버리지 않도록 복습부터 하기로 했어요. 오늘 배운 부분은 쉬는 시간에 거의 다 복습했지만 어려운 부분은 더 공부해야 했거든요.

요즘 수업도 열심히 듣고 복습도 열심히 하는 하준이는 아빠 말이 딱 맞는다고 생각했어요. 아빠 말대로 수업을 잘 듣고 복습을 하니까 수업을 두 번 듣는 것 같은 효과가 있었거든요. 하준이는 어쩌면 아빠가 정말 전교 1등을 했던 건지도 모르겠다고 생각했어요. 아빠 말대로만 했는데 공부가 쑥쑥 잘 되는 게, 아빠가 정말 공부를 잘했던 것 같아요.

복습을 다 한 하준이는 영어 단어장을 폈어요. 하준이는 원래는 영어 단어를 외울 필요가 없다고 생각했어요. 하지만 국어를 공부하는데 단어를 몰라서 막혔던 이후로 영어도 공부하려면 단어를 잘 알아야겠다는 생각이 들었어요.

영어 단어를 외울 때도 너무 무리하지 않으려고 하루에 30개만 외우기로 했어요. 하지만 30개씩만 외우는데도 일주일도 안 돼서 외운 단어를 까먹어 버리곤 했어요. 하준이는 뭔가 해결책이 필요

하다고 생각했어요.

하준이가 찾아낸 해결책은 바로 복습이었어요.

"공부의 기본은 복습이지."

배운 지 얼마 안 돼서 복습하면 기억에 오래 남는 것처럼 영어 단어도 외운 지 얼마 안 돼서 복습하면 될 거로 생각했어요. 그래서 하준이는 날마다 어제 외운 단어 15개와 새로운 단어 15개를 같이 외우기로 했어요. 혹시 그래도 일주일이면 단어를 잊어버릴까 봐 일주일에 한 번 그 주에 외운 단어를 점검하는 날도 만들었답니다.

하준이는 요즘 수학 공부를 하는 것도 즐거웠어요. 3학년 때 그렇게 어렵게 느껴지던 곱셈과 나눗셈이 이제는 조금씩 풀려 나가니까 안 즐거울 수가 없어요. 수의 규칙을 찾는 건 특히 더 즐거웠답니다. 하준이가 생각하는 대로 딱 들어맞는 게 기분이 아주 좋거든요.

하준이는 수학 공부는 어떻게 해야 할지 많이 고민했어요. 고민하는 하준이를 본 서연이는 수학은 많이 푸는 게 최고라고 알려 줬어요. 방법을 잘 익히고 많이 푸는 거라고요. 그래서 하준이는 문제집을 몇 권씩 사 두고 풀었어요. 문제를 많이 틀리긴 하지만, 고치고 나서 표시해 두는 세모가 점점 늘수록 뿌듯함도 점점 커졌어요.

오늘 할 공부를 다 마친 하준이는 목표 일기를 펼쳤어요. 모든 목표에 동그라미를 치는 하준이의 얼굴에는 자랑스러움이 가득했어요.

"이렇게만 공부한다면 금방 1등도 할 수 있을 것 같아."

하준이는 앞으로도 지치지 않고 계속 열심히 공부하려는 마음으로 목표 일기 한 귀퉁이에 '할 수 있다! 아자!'라고 적어 넣었어요.

11. 친구는 소중해

　나른한 하굣길, 하준이는 오늘도 공부할 생각에 걸음이 빨라졌어요. 옆에 서연이가 있다는 것도 까먹고요. 서연이는 영문도 모른 채 하준이를 따라 걷다가 힘에 부쳤는지 멈춰 섰어요.
　"야, 이하준. 천천히 좀 가자. 왜 이렇게 급하게 걸어?"
　서연이가 멈춘 것도 모른 채 걷던 하준이는 서연이의 말을 듣고 뒤돌아봤어요. 하준이는 아차 싶었는지 미안한 표정을 짓고 서연이 쪽으로 걸어왔어요.
　"미안. 집 가려니까 신이 나서."

하준이가 미안한 마음에 사과했지만 서연이의 마음은 풀리지 않았어요. 요즘 쌓인 게 한둘이 아니거든요.

"너 요즘에 정신을 어디다 팔고 다니는지 모르겠어. 학교 끝나고 잘 놀지도 않고, 점심시간에도 한 번도 안 쉬고 공부만 하고. 너 나한테도 화난 거야? 그런 거 아니면서 요즘 왜 나랑 말도 잘 안 하고 그래?"

서연이는 샐쭉한 표정으로 하준이에게 따져 물었어요.

"아, 그게……. 미안해, 내가 요즘 공부하느라, 머리에 공부만 꽉 차서 너 신경을 못 썼네. 앞으로는 안 그럴게."

하준이는 서연이에게 미안해졌어요.

"진짜 안 그럴 거지? 안 그래도 너랑 지은이랑 싸워서 마음 불편한데 너는 나랑 놀지도 않고, 반에서 얘기할 사람도 없는데… 너 진짜 너무했어."

서연이는 그동안 쌓였던 감정이 폭발해서 말을 빠르게 쏟아 냈어요. 하준이는 그런 서연이를 보면서 더 미안해졌지요.

"진짜 안 그럴게. 미안해."

"오늘도 집에 바로 갈 거야?"

서연이가 하준이에게 물었어요. 질문이기는 했지만, 사실 오늘도 놀지 않으면 계속 삐질 거라는 선전포고에 가까웠죠. 하준이가 복수를 선언한 이후로 한 번도 학교 끝나고 논 적이 없거든요. 하준이도 그런 서연이의 의도를 알아채고 오늘은 서연이와 놀아야겠다고 생각했어요.

"아니. 오늘은 너랑 놀아야지."

"그렇지? 오늘은 놀 거지? 뭐 하고 놀까?"

서연이는 하준이의 대답에 흡족한 듯 웃으며 물었어요.

"오랜만에 방방 타러 갈까? 나오는 길에 스무디도 먹고."

"좋아. 나도 마침 방방 가고 싶었어."

만족한 듯한 서연이의 대답에 하준이는 안도의 한숨을 쉬었어요. 오늘 오후 공부는 글렀지만, 서운했을 서연이를 생각하면 오후 공부는 포기해야죠.

신나게 방방을 타고 나온 서연이와 하준이는 스무디를 사 들고 아파트 놀이터의 그네에 앉았어요. 더울 정도로 좋은 햇볕에 하준이는 눈이 부셨어요.

"있잖아, 너 지은이랑 화해 안 할 거야?"

"음, 안 할 건 아닌데……."

하준이가 짧게 대답했어요.

"그럼 어떡하려고? 지은이랑 화해 안 할 것도 아니면서, 언제까지 이렇게 지낼 건데?"

"음, 글쎄."

하준이가 또 짧게 대답하자 서연이는 어이가 없었어요. 지은이랑 화해하기 싫은데 자꾸 물어보니까 짜증 난 걸까요?

"뭐야, 너 화해하기 싫으면 싫다고 해. 성의 없이 대답할 거면 그냥 솔직하게 얘기해."

"응? 아, 아냐. 나 지은이랑 화해하기는 할 거야."

하준이는 겨우 화가 풀렸던 서연이가 다시 짜증을 내자 당황했어요. 사실 하준이는 눈도 부신데 스무디도 너무 차가워서 서연이의 말에 집중하지 못하고 있었거든요.

"그런데 왜 그렇게 대답을 짧게 해?"

"눈부셔. 그리고 스무디가 너무 차가워. 머리가 얼얼할 정도야."

하준이는 솔직하게 말했어요. 처음에 스무디가 너무 맛있어 보여서 크게 떠서 한입 넣었더니 머리가 아직도 얼얼한 거 있죠? 하준이의 말을 들은 서연이는 어이가 없었어요.

"하준이 너 바보야? 조금씩 먹어. 그리고 눈부시면 뒤쪽 보고 앉으면 되잖아. 말을 해야 알지. 너 왜 그러냐?"

"그러게, 말을 하면 되는데. 지은이하고는 화해해야지. 그런데 아직은 아냐. 내가 더 공부 잘할 때까지는 지은이가 사과한대도 안 받아 줄 거야."

서연이는 하준이가 정말 굳게 결심했구나 싶어 놀랐어요. 처음 복수한다고 할 때 이 정도는 아닌 줄 알았거든요.

"그래? 그런 마음이었구나. 지은이도 너한테 말은 못하고 있어서 그렇지, 미안해하고 있기는 해. 그냥, 그렇다고."

서연이는 입으로 '쩝' 소리를 냈어요. 하준이와 지은이가 얼른 화해했으면 좋겠다는 마음으로 얘기를 꺼낸 건데, 하준이가 너무 단호해서 어쩔 수 없겠다 싶었거든요.

"나도 알아. 지은이가 내 책상에 쪽지 놓고 갔어. 미안하다고. 나도 지은이가 미안해하니까 계속 무시하는 게 마음에 걸리긴 하는데, 그래도 화해는 내가 공부 잘하고 나서 할 거야. 아직은 아냐."

서연이는 지은이가 먼저 사과한 것에 놀랐어요. 저번에 지은이를 만났을 때 지은이는 먼저 사과를 해도 하준이가 받아 주지 않을까 봐 걱정하고 있었거든요. 그래도 먼저 사과했다니 다행이긴 한데, 하준이가 받아 줄 생각이 없네요.

"그래, 네가 지은이 이긴 다음에 화해하면 되지. 얼마 안 걸릴 거잖아?"

"맞아. 얼마 안 걸릴 거야."

하준이는 고개를 끄덕였어요. 지은이의 사과를 받아 주기 위해서 얼른 성적을 올려야겠다고 생각하면서요. 서연이 말대로 얼마 안 걸릴 거예요.

"오랜만에 먹으니까 더 맛있다. 너 다 먹었어?"

"응, 이제 집에 가자."

하준이는 서연이와 헤어지고 집에서 공부할 생각에 다시 신났어요. 이런 하준이의 기분을 서연이가 알면 조금 서운해하겠지만, 신나는 건 하준이가 어떻게 할 수 있는 게 아니잖아요?

12. 대체 왜 성적이 안 오르는 거야?

 요즘 공부가 계속 잘돼서 기분이 좋았던 하준이의 얼굴이 오늘은 우중충했어요. 오늘 기초반에서 본 쪽지 시험에서 점수가 조금도 오르지 않았거든요. 공부는 열심히 했는데, 왜 성적은 오르지 않는 걸까요? 하준이는 속상한 마음으로 종일 고민했어요. 분명 시험 볼 때는 저번 시험보다 더 아는 문제가 많은 기분이었는데, 맞은 개수는 똑같단 말이죠.
 "하준아! 나 시험 성적 올랐다."
 저번보다 시험을 잘 본 서연이가 하준이에게 자랑했어요.

"진짜? 시험 잘 봤어?"

서연이가 성적이 올랐다니, 하준이는 믿을 수 없었어요. 하준이는 스스로 서연이보다는 공부를 더 많이 했을 테니까 이번 시험은 서연이보다 잘 볼 거로 생각하고 있었거든요.

"응, 공부한 게 좀 효과가 있나 봐. 저번보다 잘 봤네. 하준이 너도 성적 올랐지? 너 엄청 열심히 했잖아."

서연이는 하준이가 공부를 아주 열심히 했다는 걸 알고 있었어요. 그래서 서연이는 하준이도 당연히 성적이 올랐을 거로 생각했어요.

"응, 그게, 조금 올랐어."

하준이는 차마 사실대로 말할 수 없었어요. 성적이 그대로라고 말하면 하준이가 공부하는 걸 옆에서 본 서연이도 하준이가 열심히 안 했다고 생각할 것 같았거든요. 그리고 서연이도 성적이 올랐는데 혼자만 안 올랐다니, 창피해서 말할 수가 있어야죠.

"진짜? 와, 잘됐다. 우리 성적 오른 기념으로 오늘 떡볶이 먹으러 가자."

기쁜 마음으로 축하해 주는 서연이를 보니 하준이는 거짓말을 한 게 마음에 걸리기 시작했어요. 이런 기분으로는 도저히 떡볶이를 먹을 수가 없었지요.

"미안, 나 오늘 속이 좀 안 좋아서 집에 빨리 가 봐야 할 것 같아. 미안해."

"정말? 집에 가서 얼른 쉬어야겠네. 시험 보느라 긴장했나? 속이 다 안 좋고. 집에 가서 얼른 쉬어."

서연이는 속이 안 좋다는 하준이가 매우 걱정됐어요. 서연이의 걱정 가득한 눈에 하준이는 마음이 두 배로 무거워지고 거짓말도 두 개로 불어났어요. 이래서 거짓말은 하면 안 되는 건가 봐요.

하준이는 집에 돌아와 책상 앞에 앉았어요. 하지만 오늘은 다른 날처럼 즐겁게 책을 펼칠 수가 없었어요. 그래서 하준이는 한참 동안 벽만 쳐다보고 있었어요.

그때 갑자기 하준이의 방문이 열렸어요.

"하준아, 성적 올랐다면서? 열심히 하더니, 축하해."

엄마와 서연이의 엄마가 통화한 모양이에요. 하준이는 이 거짓말이 엄마 귀에 들어가지 않기를 바랐는데, 결국 엄마 귀에 들어가 버렸네요. 물이 엎질러졌구나 싶은 생각이 들자 하준이의 입술이

파래지는 듯했어요.

엄마는 하준이와 다르게 무척 기뻐 보였어요. 그럴 수밖에요. 하준이가 공부에 지칠까 걱정했던 마음과 열심히 하는 만큼 성적이 안 따라 주면 어쩌나 하는 마음이 조금이지만 성적이 올랐다는 소식에 눈 녹듯 사라졌거든요.

"많이 오른 건 아니에요."

하준이는 대답하기 전 짧은 순간에 엄청 고민했어요. 엄마한테까지 거짓말을 할 순 없는데, 그래서 사실을 말해야 하는데, 축하해 주는 엄마의 표정을 보니 도저히 사실을 말할 수 없었어요

"하준이 뭐 먹고 싶은 거 없니? 아 참, 속이 안 좋다고 했다며? 괜찮니? 체한 것 같아?"

서연이가 그것까지 얘기했나 봐요. 서연이한테 한 말 중에 엄마 귀에 안 들어가는 말은 없어요.

"그냥 시험 때문에 좀 긴장해서 그런 것 같아요. 쉬면 괜찮아질 것 같아요."

하준이는 또다시 거짓말을 하고야 말았어요. 그래서 자꾸만 뭔가가 마음에 걸리는 기분이 들었어요. 거기다가 시험 성적은 그대

로이지, 그런데 서연이는 성적이 올랐지, 이래저래 기분이 좋을 수가 없었어요.

아무리 생각해 봐도 성적이 오르지 않을 이유는 없었어요. 분명 평소보다 아는 문제가 많았는데, 그래서 잘 본 줄 알았는데 성적은 그대로였어요. 시험이 저번보다 더 어려웠는지도 생각해 봤지만, 서연이가 더 잘 본 걸 보면 딱히 그런 것 같지도 않았어요.

하준이는 공부가 손에 잡히지 않았어요. 고민하느라 공부를 못한 것도 있겠지만, 한번 좌절하고 나니 공부를 한다고 해서 뭐가 달라질까 싶은 마음이 들기도 했어요.

"나 정말 돌머리라도 되는 걸까?"

하준이는 스스로 자긴 정말 바보일지도 모른다며 자책했어요. 그러자 할 수 있다는 자신감도 사라지는 듯했어요.

13. 서연이가 기초반을 탈출했다고?

　오늘은 한 달마다 돌아오는 기초반 시험이 있는 날이에요. 중간중간 쪽지 시험을 보기는 하지만, 이 시험은 달라요. 이 시험을 잘 보면 기초반을 탈출할 수 있거든요.

　하준이는 시험을 잘 볼 자신이 없었어요. 지난번에 쪽지 시험을 봤을 때도 성적이 안 올랐는데, 그 이후로 거의 공부를 안 했거든요. 사실 할 수가 없었어요. 책을 펼쳐 둬도 글자가 눈에 안 들어오는데, 어떻게 공부가 되겠어요.

　시험지를 받은 하준이는 얼굴이 새하얘졌어요. 저번 쪽지 시험은 물론이고 지난번 기초반 시험보다도 모르는 문제가 많았기 때문이에요. 하준이는 문제를 풀면서도 머릿속이 걱정으로 가득 차 버렸어요.

시험이 끝나자 채점을 끝낸 선생님이 하준이를 불렀어요.

"하준아, 저번 시험보다 못 봤네? 공부 열심히 하던데, 무슨 일 있었니?"

선생님 눈에도 지난 몇 주간 하준이가 열심히 공부하는 게 보였나 봐요. 그런데 하준이가 저번보다 시험을 못 봤으니 선생님은 걱정이 될 수밖에요.

"아뇨, 무슨 일이 있는 건 아니에요. 며칠 공부를 못 했어요."

하준이는 잔뜩 풀이 죽어서 대답했어요.

"괜찮아, 다시 시작하면 되지. 하준이는 계속 열심히 해 왔으니까, 앞으로도 그만큼만 하면 성적 다시 오를 거야."

선생님은 풀이 죽은 하준이를 위로했어요. 하지만 그런 위로도 하준이에게는 꾸지람처럼 들렸어요. 그렇게 열심히 하면 당연히 성적이 올라야 하는데, 왜 하준이 성적은 오르지 않는지 묻는 것처럼 느껴졌거든요.

'선생님, 저번 시험보다 성적이 떨어진 건 제가 바보라서 그래요.'

하준이는 선생님에게 이렇게 말하고 싶었지만, 차마 밖으로는 말하지 못하고 속으로만 말했어요.

하준이는 서연이와 선생님이 얘기하는 동안 교실 밖에서 기다렸어요. 기다리는 동안 서연이와 선생님이 무슨 얘기를 할지 궁금했어요. 하준이는 서연이가 또 성적이 올랐을까 봐 조마조마했어요.

"하준아, 가자."

선생님과 얘기를 마치고 나온 서연이가 하준이에게 말했어요. 하준이는 교실을 나오는 서연이의 표정을 살폈어요. 묘하게 기분이 좋아 보이는 게, 성적이 오른 게 맞는 것 같았어요.

"너 기분 좋아 보인다. 성적 또 올랐어?"

"어, 올랐는데……."

서연이는 기분 좋은 표정과는 다르게 말끝을 흐렸어요.

"또 오른 거 맞구나? 축하해. 그런데 왜 말을 하다 말아?"

하준이는 속은 상했지만 축하를 해 줬어요. 서연이가 말끝을 흐리는 게 좀 이상하기는 했지만요.

"그게, 사실 나 기초반 이제 안 해도 된대."

서연이가 하준이의 눈치를 살피며 조심스럽게 말했어요. 그런 서연이의 말을 들은 하준이는 뒤통수를 세게 얻어맞은 듯했어요.

"기초반을 안 해도 된다고? 성적이 그만큼이나 나온 거야?"

하준이는 도저히 믿을 수가 없었어요. 서연이의 성적이 그만큼이나 오른 것도, 곧 자기 혼자만 기초반에 남겨질 거라는 것도요.

"응, 그렇게 됐어."

서연이는 하준이 혼자만 남겨 두고 기초반을 탈출하게 된 게 괜히 미안했어요. 작년부터 올해까지 당연하다는 듯 함께 해 오던 기초반이라서 그런가 봐요. 또 가뜩이나 기초반을 탈출한 지은이하고도 싸웠는데, 서연이도 기초반을 탈출한다는 게 마음에 걸렸던 거죠.

"그건 어쩔 수 없지. 그래도 축하해."

마음은 그렇지 않았지만, 하준이는 애써 괜찮은 척 서연이에게 축하를 건넸어요.

"고마워, 너도 저번에 성적 올랐으니까 계속 올려서 다음 달에는 기초반 꼭 탈출해. 파이팅!"

서연이는 하준이의 속도 모르고 하준이를 응원해 줬어요. 하준이는 서연이의 말을 듣고 마음이 덜컥했어요. 저번에 한 거짓말이 다시 마음을 찌르는 듯했어요.

하준이는 집에 오는 내내 서연이 이야기를 듣는 둥 마는 둥 하다가 얼른 헤어지고 집에 왔어요. 이상하게 서연이 얼굴을 바로 볼 수가 없었거든요. 혼자만 남겨 두고 기초반을 탈출한 것에 묘한 배신감도 들고 성적이 떨어진 게 창피했어요. 또 거짓말을 했다는 게 들킬까 봐 불안하기도 했어요.

하준이는 아파트 현관으로 들어가려다 멈칫하고 돌아섰어요. 왠지 지금 집으로 들어가서 엄마 얼굴을 보면 눈물이 나올 것 같았거든요.

하준이는 놀이터로 갔어요. 그네에 앉아서 마음을 진정시키려고 했지만 갈수록 기분이 더 울적해졌어요. 지금 속상한 마음을 털어놓을 사람이 아무도 없다는 생각이 들었거든요.

'치, 이게 뭐야.'

예전 같으면 성적이 떨어졌다고 지은이나 서연이에게 말했을 텐데, 지금은 창피해서 말할 수도 없어요. 엄마에게는 성적이 올랐다

고 거짓말을 해 버렸고, 그 거짓말을 들키는 게 무서워 속상하다고 말할 수도 없었어요. 하준이는 자꾸만 터져 나오려 하는 눈물을 삼켰어요.

언제까지고 놀이터에 앉아 있을 수는 없어서 하준이는 집으로 갔어요. 하준이를 맞아 주는 엄마의 표정이 어두웠어요. 시험 본 걸 비밀로 하려고 했는데, 아마도 선생님이 연락을 이미 한 것 같았어요.

"하준이 왔니? 손 씻으렴."

반갑게 인사하려고 하지만 어딘가 가라앉은 목소리였어요. 하준이는 엄마의 목소리를 듣고 엄마가 성적 얘기를 들었다고 확신했어요.

"하준아, 엄마랑 얘기 좀 할까?"

손을 씻고 나오는 하준이에게 엄마가 말했어요. 하준이는 눈앞이 새하얘지는 것 같았어요.

"하준아, 성적이 떨어졌다면서? 저번 쪽지 시험에서는 오르더니, 무슨 일 있니?"

하준이는 엄마에게도 선생님 질문에 대답했던 것처럼 대답하려고 했어요. 하지만 저번 쪽지 시험엔 올랐다는 말을 듣자 하준이 마음속이 다시 찔리는 듯했어요. 그래서 하준이는 다른 대답을 했어요.

"엄마, 그게요. 사실 저번 쪽지 시험 때 올랐다는 말 거짓말이었어요. 서연이는 성적이 올랐다고 하니까, 제 성적이 그대로라는 말을 하기가 싫었어요. 그래서 거짓말했어요. 저는 스스로 엄청 열심히 했다고 생각했는데, 성적은 그대로인 게 너무 실망스러웠어요. 심지어 서연이는 성적이 올랐는데, 저는 그대로라는 게 믿기 싫었어요. 그래서 공부가 자꾸 하기 싫었어요. 거짓말해서 죄송해요."

하준이는 결국 거짓말을 했다는 걸 털어놓고 말았어요. 엄마에게 사실을 말하고 나니 꾹 참아왔던 눈물이 터져 버렸어요. 그동안 속상했던 마음만큼 눈물이 나오는 건지, 계속 눈물이 멈추지 않았어요.

"하준아, 울지 마. 거짓말은 잘못한 게 맞지만, 엄마는 네 마음 다 이해한단다. 네가 얼마나 열심히 했는지 알잖아. 성적이 안 따라 주니 속상할 수밖에. 너는 성적이 그대로인데 올랐다는 서연이한테 사실대로 말하기 어려웠겠지. 그럴 수 있어."

엄마는 하준이가 그동안 정말 마음고생이 심했겠구나 싶어 하준이를 꼭 안아 주었어요.

"엄마한테는 정말 사실대로 얘기하고 싶었는데, 엄마가 그날 너무 기뻐 보여서 말을 못 했어요."

하준이는 간신히 울음을 멈추고 엄마에게 말했어요. 그래도 사실대로 말하고 나니 속은 조금 시원했어요.

"그래, 그랬겠지. 괜찮아. 계속 열심히 하면 언젠가는 성적이 오를 거야. 다시 해 보자. 응?"

엄마는 공부를 포기해 버린 하준이가 다시 시작하길 바랐어요. 하준이도 엄마의 말을 이해하고 고개를 끄덕였어요.

"네, 엄마. 다시 시작해 볼게요."

하준이는 다시 마음을 굳게 먹었어요.

14. 선생님 때는 말이야

하준이는 반에 남아서 나머지 공부를 하고 있었어요. 담임 선생님은 성적이 떨어지고 기가 죽은 하준이가 걱정됐어요. 다시 공부를 열심히 하고는 있지만, 어딘가 자신이 없어 보이는 모습이었거든요. 그래서 하준이에게 위로해 줘야겠다고 마음먹었어요.

"하준아, 오늘은 공부하지 말고 선생님이랑 수다 떨까?"

하준이는 선생님이 갑자기 공부 대신 수다를 떨자고 하는 게 이상하게 느껴졌어요. 하지만 뭔가 선생님의 말씀을 들어야 할 것 같았어요.

"하준아, 요즘 고민 없니? 선생님은 초등학교 때 심리 상담사가 꿈이었단다. 다른 사람 얘기 들어 주는 걸 좋아했거든. 보다시피 교사가 되긴 했지만, 난 여전히 이야기 듣는 걸 좋아한단다."

"아, 그게, 고민이 없지는 않아요."

원래 같았으면 하준이는 선생님에게 고민을 얘기하지 않았겠지만, 오늘은 뭔가 얘기해도 될 것 같았어요. 요 며칠 선생님과 둘이 공부하면서 좀 친해진 것 같기도 하고, 선생님의 표정이 뭔가 꼭 말해야 할 것 같았거든요.

"어떤 고민인지 말해 줄 수 있니?"

"음, 성적이 안 올라요. 저 스스로는 엄청 열심히 했다고 생각했는데, 성적은 안 오르더라고요. 옆 반에 지은이라고 친구가 있는데, 저번에 제가 공부를 열심히 안 해서 또 기초반에 들어간 거라고 기분 나쁘게 말했거든요. 저도 잘할 수 있다는 걸 보여 주려고 공부를 다시 시작했는데, 성적이 안 오르니까 자꾸 마음이 급해요. 서연이도 성적이 올라서 이런 마음을 서연이한테 털어놓기도 힘들고요."

선생님은 하준이의 말을 진지하게 들었어요.

"음, 그런 일이 있었구나. 그래도 다행이네. 서연이 대신 털어놓을 사람을 만났잖니."

선생님은 자신을 가리키며 웃어 보였어요.

"음, 열심히 하는 만큼 성적이 안 오르는 게 고민의 시작인 거구나. 선생님 중학교 때 얘기를 좀 해 볼까? 선생님은 중학교 때 너무 좋은 선생님을 만났었단다. 그래서 선생님이 되고 싶다고 생각했는데, 교사가 되려면 공부를 잘해야 한다는 거야. 그런데 선생님은 그때까지 공부를 못했었거든."

하준이는 선생님의 말씀을 믿기 어려웠어요. 선생님이 공부를 못했었다니, 그럴 수도 있는 걸까요?

"아, 열심히 공부해야겠구나 싶어서 시작했는데, 죽도록 공부해도 성적이 안 오르는 거 있지? 그래도 꿈이 달린 문제니까 포기는 못 하고 계속 열심히 하니까 조금씩 오르긴 하더라고. 그런데 6개월이나 걸렸어. 1학기에 가졌던 꿈인데, 2학기 중간고사부터 성적이 올랐거든."

하준이는 선생님의 말씀이 신기하게 느껴졌어요. 공부를 시작하면 성적이 바로 오르는 줄 알았는데, 6개월이나 걸렸다니! 하준이는 시작한 지 이제 몇 주밖에 안 되었는데, 그럼 얼마나 더 해야 하는 걸까요?

"하준이 많이 놀랐구나? 그런데 원래 공부라는 게 그래. 처음에는 방법도 잘 모르고, 아는 게 많이 없으니까 새로운 내용을 배우는 데 오래 걸리지. 선생님은 이것저것 방법을 바꿔 보면서 자기한테 맞는 공부법을 알아가는 게 공부의 시작이라고 생각해. 시행착오를 겪는다고 하지? 그러면서 머리에 지식을 쌓으면 그 지식은 새로운 걸 배우는 밑거름이 된단다. 그래서 처음에는 오래 걸려. 그러다가 어느 순간에 오르기 시작할 거란다."

하준이는 자기가 그 과정을 견딜 수 있을까 겁이 났어요. 저번처럼, 지지난번처럼 또 지칠 것 같았거든요.

"그런데요, 선생님. 저는 언젠가 오를 거라고 믿고 계속 공부하는 게 너무 어렵고 지쳐 버려요. 제가 끝까지 할 수 있을까요?"

선생님은 하준이의 머리를 가만히 쓰다듬어 주었어요.

"그럼! 끝까지 할 수 있지. 힘이 날 만한 얘기를 해 줄까? 공부라는 게, 열심히 노력한 것이 바로 눈에 보이는 건 아니긴 하지. 그런데 언젠가는 그 노력이 결과를 만들어 낸단다. 꼭 그렇게 된단다.

하준이의 지금 노력이 쌓이고 쌓여서 결국은 눈에 보일 거야. 눈에 안 보이는 동안은 힘들어도, 딱 그것만 견디면 돼."

하준이는 선생님의 말씀을 듣고 끝까지 해 봐야겠다는 생각이 들었어요. 공부라는 게 원래 시간이 좀 걸리는 일이라면 벌써 지쳐서 포기하기에는 아깝잖아요.

"네, 선생님. 저 끝까지 해 볼래요. 할 수 있는 만큼, 제대로, 서두르지 않고 할래요."

하준이는 이제부터는 공부를 서두르지 않고 하기로 다짐했어요. 할 수 있는 만큼 조금씩 하기로 한 것처럼, 조금씩 하는 만큼 서두르지 않기로 생각한 거죠.

"음, 선생님이 봤을 때는 서두르지 않고 공부하려면 하준이 네가 한 가지를 더하면 좋을 것 같은데?"

하준이는 그 한 가지가 무엇일지 무척 궁금했어요.

"지은이랑 화해해 보렴. 하준이 네가 자꾸만 서두르게 되는 이유를 없애 보는 것도 괜찮지 않겠니?"

하준이는 선생님의 말씀을 이해할 수 없었어요. 지은이랑 화해하라니, 너무 어른 같은 말 아닌가요? 친근하고 좋은 선생님도 결국 어른인가 봐요.

"저는 잘 모르겠어요. 지은이가 한 말을 생각하면 화해하기 싫거든요. 그리고 지금은 지은이에게 보여 주려고 열심히 공부하는 건데, 지은이랑 다시 사이가 좋아지면 제가 열심히 공부할까요?"

"혹시 지은이랑 영영 화해하기 싫니?"

선생님의 말씀을 들은 하준이는 멈칫했어요. 지금이야 지은이 얼굴 보기 싫지만, 지은이를 영영 안 본다고 생각하니 마음에 걸렸어요. 지은이가 말을 심하게 했지만 지은이가 그 일을 미안하게 생각한다면 화해도 해 볼 순 있을 것 같았지요.

"음, 영영은 아닐 것 같아요."

"그럼 언젠가는 화해하겠지? 그럼 화해 한 후에는 계속 공부를 안 할 거니?"

선생님의 질문에 하준이는 고개를 저었어요.

"그렇지? 그래서 선생님은 하준이가 지은이 말고 다른 목표를 세웠으면 좋겠어. 또 지은이한테 보여 주려면 지은이보단 더 잘해야 할 것 아니니? 그러다 보니 자꾸만 지은이를 이기고 싶어지고, 그러면 마음이 급해지는 게 당연하지. 그래서 화해해 보라고 한 거란다. 화해는 아니더라도 지은이에 대한 안 좋은 감정을 정리해 볼 수는 있지 않겠니?"

하준이는 선생님의 말씀을 이해하기가 어려웠어요. 하준이가 화난 마음을 잘 정리한다고 해서 뭐가 달라질까요? 하지만 선생님의 말투가 왠지 단호해서 하준이는 아니라고 할 수 없었어요.

"네, 그렇게 해 볼게요."

집으로 돌아온 하준이는 선생님이 마지막으로 해 준 조언에 대해 고민했어요. 어떻게 생각하면 이해될 것 같기도 했어요. 지금처럼 지은이를 이기는 게 목표라면 지은이를 이기겠다는 마음이 앞서서 공부를 서두르게 된다는 말인 것 같았지요. 또 지은이를 이기든 화해하든 그 후에는 공부할 이유가 사라지니까 공부를 계속할 수 있는 이유를 찾으라는 말인 거잖아요? 하준이는 새로운 목표를 찾아야겠다고 생각했어요.

하준이는 목표 일기 첫 장을 폈어요. 하준이가 첫 번째 목표를 '공부로 지은이 이기기'로 고치면서 지워 버린 원래 목표에 눈이 갔어요.

"단원 평가에서 반 1등 하기."

하준이는 자기가 이런 큰 목표를 세웠다는 것에 잠깐 놀랐지만, 금방 3월의 다짐이 떠올랐어요. 경찰이 되기 위해서 공부를 열심히 할 거라고, 목표는 크게 세우는 거니까 반에서 1등도 해 볼 거라던 자신의 모습이 떠올랐죠.

하준이는 공부하려던 원래 이유였던 자신의 꿈이 생각났어요. 멋있는 경찰이 되고 싶었는데, 이것도 까먹다니요. 지은이를 이기는 데만 눈이 멀어서 꿈도, 원래 목표도 잊었다고 생각하니 후회가 되었어요.

하준이는 목표 일기에 적힌 '공부로 지은이 이기기'를 지워 버렸어요. 그리고 새 목표로 '기초반 탈출하기'를 적어 넣었어요. 원래 목표였던 반 1등을 쓸까 생각도 해 봤지만, 지금의 하준이로서는 너무 무리한 목표였어요. 이루기 어려운 목표로 또 마음이 급해지면 공부를 다시 포기할까 싶어 조금 더 작은 목표를 세운 거죠.

하준이는 오늘 선생님과 상담한 것처럼 다시 한번 공부를 시작해서 끝까지 가 보기로 다짐했어요. 내일부터는 다시 열심히 공부하는 하준이로 돌아올 거예요.

15. 꼬인 걸 다시 풀어야겠어

하준이는 오늘도 일찍 일어나서 학교에 갔어요. 반 아이들이 한 두 명씩 들어오더니 서연이도 교실 문을 열고 들어왔어요. 하준이는 서연이를 보고 어제 했던 다짐을 떠올렸어요. 성적이 올랐다고 한 말은 사실 거짓말이었다고 서연이에게 말하고 지은이랑 대화해 보기로 다짐했거든요.

"서연아, 나 학교 끝나고 너한테 할 말 있어. 지은이도 부르자."

하준이는 뒷자리를 돌아보며 서연이에게 말했어요. 서연이는 교과서를 펴고 공부를 하고 있었어요. 하준이는 서연이가 공부하는 게 신기하게 느껴졌어요. 하지만 곰곰이 생각해 보니 언젠가부터 서연이도 쉬는 시간, 점심시간에도 공부하고 있었던 것 같아요. 하준이는 열심히 공부하느라 알아채지 못했는데, 서연이도 계속 공부를 해 왔던 거죠.

"무슨 얘기? 지은이는 왜?"

서연이는 하준이가 갑자기 할 말이 있다고 하니까 조금 당황했어요. 거기다가 지은이까지 부르자고 하니 혹시 싸움이 나는 건 아닐까 무서워지기 시작했어요.

"음, 그게……. 아냐, 이따가 얘기해 줄게."

서연이는 하준이가 망설이다가 대답을 미루자 더욱 무서워졌어요. 서연이는 지은이보고 오늘 못 만난다고 하라고 해야 하나 진지하게 고민했어요. 하지만 그랬다가 더 큰 싸움으로 번질까 봐 그냥 기다려 보기로 했어요.

학교가 끝나고, 하준이는 지은이를 불러 오랜만에 셋이 다 같이 떡볶이를 먹으러 가자고 했어요. 지은이는 하준이가 먼저 만나자고 하자 조금 놀랐어요. 그동안 하준이에게 사과하고 다시 잘 지내고 싶었지만, 매번 마주칠 때마다 찬바람이 쌩쌩 부는 하준이에게 먼저 말을 꺼내기는 어려웠거든요.

　세 명은 아무 말도 안 하고 어색하게 앉아서 떡볶이가 나오기만을 기다리고 있었어요. 그 어색함을 깨고 먼저 말을 꺼낸 건 하준이였어요.

　"음, 내가 너희한테 할 말이 있어."

　서연이와 지은이는 하준이가 대체 무슨 얘기를 할까 잔뜩 긴장해서 손에 땀이 나기 시작했어요.

　"일단 서연아, 나 너한테 거짓말한 거 있어."

　하준이가 숨을 크게 들이쉬고 말했어요. 하준이가 자기한테 거짓말할 만한 게 없다고 생각한 서연이는 엄청 당황했어요.

　"무슨 거짓말? 나 생각나는 거 없는데."

　"나 저번에 쪽지 시험 보고 성적 올랐다고 한 거, 거짓말이야. 그전 시험하고 똑같았어. 나는 열심히 해도 성적이 그대로인데 너는 올랐다니까 자존심도 상하고 해서 거짓말을 해 버렸어. 미안해. 그리고 이번 기초반 시험에서는 오히려 성적이 떨어졌어."

　서연이는 너무 놀라서 아무 말도 할 수 없었어요. 예전에는 시험에서 빵점을 받아도 그냥 웃으면서 솔직하게 말하던 하준이였거든요. 그런 하준이가 성적이 그대로라서 거짓말을 했다니, 놀랄 만했죠. 그래서 서연이는 대체 무슨 말을 해야 할지 몰랐어요. 괜찮다는 말이 먼저인지 아니면 위로가 먼저인지 알 수 없었거든요.

"거짓말한 건 괜찮은데, 나는 좀 미안하네. 네 속도 모르고 나는 올랐다고 자랑이나 해 버리고. 성적이 떨어졌다니 속상했겠다. 열심히 하면 앞으로는 더 오를 거야."

서연이는 괜찮다는 말을 먼저 했어요. 하준이는 그런 서연이의 따뜻한 말에 감동했어요. 성적 조금 떨어졌다고 이렇게 따뜻한 친구에게 솔직하지 못했던 게 후회되었지요.

"그리고 지은이 너랑은 화해하려고 불렀어. 너랑 계속 이렇게 지내는 건 싫기도 하고, 내 공부에 방해도 돼서 화해하고 싶어."

지은이는 지금까지 중에 제일 놀랐어요. 하준이가 먼저 화해하자고 할 줄은 상상도 못 했거든요.

"내가 말을 이상하게 했잖아. 너한테 상처 주는 말을 했으니까. 그날부터 내가 잘못했다고 주욱 생각하고 있었어. 미안해. 너한테 말 심하게 한 거."

지은이는 너무 놀라긴 했지만, 하준이에게 꼭 진심을 전하고 싶었어요. 그래서 차분하게 뭐가 미안한지 설명했어요.

"그래, 네가 미안하다고 생각하면 됐어. 용서할게."

조금 어색한 분위기가 이어졌지만, 지은이와 하준이가 다시 원래대로 돌아가기로 한 건 틀림없었어요.

"하준아, 이런 상황에 물어볼 건 아닌데, 지은이랑 계속 사이가 안 좋으면 네 공부에 방해된다는 건 무슨 뜻이야?"

서연이는 하준이가 한 말이 무슨 뜻인지 궁금했어요.

"잠깐, 떡볶이 나왔다. 먹으면서 얘기해 줄게."

하준이는 떡볶이를 가지고 왔어요. 어색함이 아직도 조금 남아 있긴 했지만, 떡볶이 앞에서는 장사 없죠. 금방 어색함은 사라지고 예전과 같은 분위기로 돌아왔어요.

"그게 무슨 얘기냐면, 담임 선생님이 어저께 고민 상담을 해 주셨거든. 나는 요즘 열심히 공부했는데도 성적이 그대로여서 속상했고, 속상한 마음에 공부가 잘 안 돼서 이번에 성적이 떨어진 게 내 고민이라고 말씀드렸어. 그래서 선생님께서 원래 공부란 게 그렇다, 성적은 천천히 오른다, 이런 말들을 해 주셨어. 그러고는 갑자기 지은이하고 화해하라고 하셨어."

하준이가 떡볶이를 우물거리며 말하자, 서연이는 고개를 갸웃거리며 물었어요.

"음, 왜지? 화해하는 거랑 성적 안 오르는 거랑은 상관없는 거 같은데."

"선생님이 물으시더라. 지은이랑 영원히 화해 안 할 거냐고. 내가 지은이한테 보여 주려고 열심히 공부하고 있다는 얘기는 했거든. 그래서 생각해 보니까 또 그러기는 어색하고 싫어서 아니라고 대답했지. 그랬더니 선생님이 화해하고 나면 공부를 할 것 같으냐고 하시는 거야. 내 생각에는 목표가 사라지면 또 안 할 것 같은 거 있지? 그래서 이왕 할 거 화해를 빨리 해야겠단 생각이 들었어."

지은이는 하준이의 말이 잘 이해되지 않았어요. 화해하면 공부를 안 할 것 같다면서 화해를 왜 한 걸까요?

"음, 이해가 잘 안 돼. 우리 화해했잖아. 그럼 이제부터 공부 안 하기로 한 거야?"

"아니지. 나한테는 원래 공부할 이유가 따로 있었으니까. 나 그동안 멋진 경찰이 되고 싶었던 것도 잊고 지은이 너만 이기겠다고 공부했었거든. 이번에 다시 내 꿈을 위해서 공부해 보려고."

지은이의 질문에 하준이는 기다렸다는 듯이 말했어요.

"오, 좀 멋있는 것 같아."

"뭐야, 멋있으면 멋있는 거지, 그런 것 같아?"

오랜만에 셋이서 모여 투덕거리며 대화하니 모두 마음이 편안했어요.

"아, 서연이 너 기초반 탈출했다며? 축하해. 언제 그렇게 공부를 한 거야?"

지은이는 서연이가 기초반을 탈출했다는 소식을 다른 친구에게 들었어요.

"아, 맞아. 나도 궁금하더라. 너 쉬는 시간이랑 점심시간에도 공부하는 건 봤었는데, 그래도 갑자기 그렇게 오르니까 어떻게 공부한 건지 궁금하던데?"

서연이가 어떻게 공부를 한 건지 내심 궁금했던 하준이가 물었어요. 따라 할 수 있는 건 따라 해 보고 싶었거든요.

"음, 내가 어떻게 공부를 했냐면…… 사실 별건 아냐. 원래부터 언니가 도와줘서 문제집도 꾸준히 풀었고 모르는 문제도 언니한테 물어보면서 공부는 하고 있었어. 그런데 영어랑 수학은 이해도 어렵고 도저히 안 되겠더라고. 올해도 영어랑 수학 때문에 기초반에 들어가게 됐다고 하니까 엄마가 학습지 알아봐 주셨어."

서연이의 언니는 중학생이에요. 서연이의 언니는 혼자 해 보겠다고 끙끙대는 서연이가 기특해서 서연이의 공부를 도와주고 있다고 했어요.

"결국엔 학습지야? 나도 해야 하나?"

지은이는 학원, 서연이는 학습지. 하준이는 자기도 그런 걸 해야 하나 고민이 됐어요.

"근데, 그거 괜찮더라."

서연이가 갑자기 말을 꺼내자 지은이와 하준이의 눈이 서연이에게 고정됐어요.

"그 수학 오답 노트 있잖아. 너희는 그런 거 안 해?"

"응, 나는 학원에서 시켜서 하고 있어."

서연이가 지은이와 하준이에게 묻자, 지은이는 고개를 끄덕이며 대답했어요.

"난 안 하는데. 듣기는 했지만, 아직 안 하고 있어."

하준이가 말했어요.

"너 틀린 문제는 다시 봐?"

서연이가 다시 물었어요.

"응, 다시 풀면서 보는데?"

하준이는 자신 있게 대답했어요. 틀린 문제를 다시 풀어서 세모 표시하는 재미로 수학 공부를 하거든요.

"그렇게 끝내지?"

"응, 다시 풀면 끝이지."

"그러지 말고 오답 노트 써 볼래? 내가 틀린 문제를 한곳에 정리해 두고 다시 봐야 네가 어디에서 자주 틀리는지 확인할 수 있거든. 왜 틀렸는지까지 정리해 두면 더 좋고."

서연이는 가방에서 오답 노트를 꺼내서 하준이에게 보여 줬어요. 어떤 문제를 왜 틀렸는지, 어떻게 풀어야 하는지 잘 정리된 노트를 보니 하준이는 자기도 오답 노트를 쓰고 싶어졌어요. 하지만 하준이는 공책 정리하는 걸 귀찮게 생각했어요. 그래서 하준이 자신에게 맞는 방법이라고 생각하지는 않았지요.

"오, 괜찮은 것 같아. 너 엄청 꼼꼼하다. 정리가 진짜 잘 되어 있어."

"그치? 잘 정리했지? 이거 보고 있으면 괜히 뿌듯해."

서연이의 오답 노트를 보던 지은이가 주섬주섬 자기 가방을 열었어요.

"나도 자랑할 거 있어. 이거 봐봐. 내 스터디 플래너야."

"그게 뭐야?"

하준이는 지은이의 플래너를 받아서 구경했어요. 아기자기하게 꾸민 지은이의 플래너에는 지은이가 그날그날 해야 할 공부가 잘 적혀 있었어요.

"와, 플래너 진짜 예쁘다. 어디서 파는 거 같아."

하준이와 같이 지은이의 플래너를 구경하던 서연이가 말했어요.

"쓰는 방법은 목표 일기랑 비슷하네. 그런데 난 이렇게 안 꾸며."

"뭐, 꼭 꾸며야 할 필요는 없지. 그날 할 것들을 잘 정리해 두고 그걸 다 하기만 하면 되는 거 아냐?"

하준이의 말을 듣고 지은이가 말했어요. 하준이는 뭔가를 아기자기하게 꾸미는 데는 별로 관심이 없었어요. 이런 하준이와는 다르게 지은이는 이것저것 꾸며서 자신의 개성을 드러내는 걸 좋아했지요.

"맞아, 자기한테 맞게 하면 되는 거지."

서연이가 고개를 끄덕이며 말했어요.

하준이는 서연이, 지은이와 대화하면서 세상에는 참 다양한 공부 방법이 있다고 느꼈어요. 제각기 다른 사람마다 잘 맞는 공부 방법이 다르다는 것도요. 꾸미는 걸 좋아하는 지은이, 정리를 잘하는 서연이, 각자에게 맞는 방법이 따로 있는 것처럼 하준이에게도 꼭 맞는 공부 방법이 있겠죠?

쉬는 시간

스터디 플래너와 오답 노트

스터디 플래너가 무엇인지 알고 있나요? 스터디 플래너란 공부의 계획을 적고 실천 상황을 기록하는 것을 얘기해요. 스터디 플래너를 쓰면 공부 계획을 종이에 한번 정리해 볼 수 있고 나중에 자기가 얼마나 실천했는지 눈으로 확인해 볼 수 있어서 좋아요. 하지만 매일 기록하는 것이 잘 맞지 않는다고 여겨지면 꼭 할 필요는 없어요. 간단하게 메모장에 공부할 문제집 정도만 정리해 놓는 것도 괜찮답니다.

오답 노트는 어떨까요? 틀린 문제를 노트에 정리하면서 다시 한번 보고, 또 나중에 틀린 문제를 한눈에 다시 볼 수 있어서 좋아요. 하지만 틀린 문제가 너무 많다면 오답 노트를 하는 것 자체가 부담으로 여겨질 수 있겠죠? 그렇다면 굳이 노트에 정리하지 않아도 괜찮아요. 문제 옆에 풀이를 잘 적어 두고 나중에 다시 볼 수 있게 표시만 해 두는 것도 방법이랍니다.

16. 이젠 정말 공부가 즐거워

하준이는 오늘도 일찍 눈을 떴어요. 눈을 뜨자마자 책상 앞에 앉아서 오늘 하고 싶은 것들을 목표 일기에 적었어요. 하준이는 요즘 자고 일어나서 목표를 쓰고 자기 전에 다 이룬 목표에 체크 표시하는 일에 재미를 붙이고 있었어요. 목표에 체크 표시를 하려고 공부한다고 해도 될 정도예요.

"엄마, 안녕히 주무셨어요?"

하준이는 거실로 나가 엄마에게 아침 인사를 했어요. 엄마는 스스로 변화하고 있는 하준이가 너무 기특했어요. 작년이었으면 지

금 시간은 깨워도 못 일어나는 시간인데, 스스로 일어나서 아침 인사를 다 하니 기특했죠.

"엄마, 그거 아세요? 물이 얼면 부피가 늘어난대요."

하준이는 어제 공부한 과학 내용을 엄마에게 얘기해 주었어요. 공부한 걸 남한테 알려 주듯 입 밖으로 꺼내면 좋다고 얼마 전에 들었거든요. 그 말을 들은 이후로 하준이는 아침저녁으로는 부모님에게, 학교에 있을 때는 서연이에게 귀찮을 정도로 물어보기도 하고 말해 주기도 해요. 하준이가 그거 아냐는 말을 어찌나 많이 하는지, 서연이는 귀에 딱지가 생긴 것 같으니까 그만하라고 얘기했지요.

집을 나서서 학교로 가는 하준이의 발걸음이 가벼웠어요. 작년의 하준이였다면 절대 그럴 리 없겠지만 지금의 하준이는 수업 듣는 게 너무 기대되었거든요.

"하준아, 안녕."

등굣길에 만난 지은이와 서연이가 인사했어요. 서연이는 매번 아슬아슬하게 지각을 면했지만, 이제는 일찍 학교에 와서 공부하기로 했어요. 지은이는 항상 학교에 일찍 오는 친구였고요.

"서연아, 너 그거 알아?"

"어, 그게 뭐든 나는 알 것 같아. 그러니까 말 안 해도 돼."

"물은 얼면 부피가 커진대."

"또 시작이네."

어제 공부한 내용을 열심히 설명하려는 하준이와 듣고 싶지 않은 서연이가 학교에 가는 내내 다퉜어요.

교실에 도착한 서연이와 하준이는 저마다 책을 펴고 오늘 배울 내용을 예습하기 시작했어요. 그 모습을 본 선생님은 옅게 미소를 지었어요. 선생님의 조언이 도움이 된 것 같았거든요.

"하준아, 요즘 다시 공부하니?"

선생님이 하준이의 자리로 가서 물었어요.

"네, 선생님. 이젠 공부가 즐거워요. 물론 가끔은 하기 싫을 때도 있지만, 아직은 참고 공부할 수 있어요. 예전처럼 지은이를 이기고 싶다거나 기초반을 얼른 탈출해야겠다는 마음으로 공부하지 않아요. 지은이를 이길 필요는 없어졌고, 기초반은 이대로만 공부하면 금방 탈출할 것 같거든요."

"그래, 다행이구나. 열심히 하는 것 같아서 보기 좋아."

선생님은 하준이의 머리를 가볍게 쓰다듬었어요. 선생님의 말씀을 잘 이해해서 공부에 재미를 붙인 게 기특했어요.

하준이는 칭찬도 들었겠다, 수업을 더 열심히 들었어요. 선생님 말씀에 크게 대답도 해 보고 발표도 해 봤어요. 매일 수업을 열심히 들은 덕분인지 하준이는 조금씩 수업이 쉽게 느껴졌어요. 뿌듯함도 조금씩 채워졌고요. 하준이는 이렇게만 하자고 다짐했어요.

"하준아, 오늘 수학 시험 보기로 했지? 공부 많이 했니?"

오늘은 다시 돌아온 기초반 시험 날이었어요. 하준이가 마음잡고 공부를 다시 시작한 이후 처음으로 보는 시험이지요. 하준이는 엄청나게 긴장되기 시작했어요. 하지만 이번에는 공부를 정말 열심히 했으니 잘 볼 수 있다고 생각하기로 했어요. 하준이는 연필을 들고 차근차근 문제를 풀어 가기 시작했어요. 20문제 중에 모르는 문제가 적지는 않았지만, 하준이는 그냥 덮어 버리지 않고 끝까지 풀었어요.

"선생님, 다 풀었어요."

"그래? 채점해 볼까?"

하준이는 선생님이 준 답지를 보고 채점했어요. 동그라미, 빗금,

동그라미, 동그라미, 빗금······. 항상 20문제 중 절반인 10문제나 그 이하만 맞췄던 하준이였는데 이번에는 11개를 맞췄어요. 하준이는 조금이지만 성적이 올랐다는 사실에 기뻤어요.

"저번보다 더 많이 맞췄구나! 공부 열심히 한 효과가 있네."

선생님도 하준이처럼 표정이 밝아졌어요. 그 모습을 본 하준이 표정도 덩달아 밝아졌어요.

"진짜 공부한 효과가 있나 봐요. 저 이제 조금씩 성적 올려서 기초반 탈출할 수 있을 것 같아요."

"그래, 힘내서 꼭 탈출하자."

선생님은 하준이가 성적을 올려서 기초반 수업을 그만둘 수 있기를 간절히 바랐어요. 기초반 수업을 하고 있으면 하준이가 기초반 수업 말고도 공부를 따로 하고 있다는 게 티가 나요. 그것도 아주 열심히 말이에요. 그런 기특한 하준이가 꼭 자기 목표를 이룰 수 있기를 선생님은 바랐지요.

17. 모르는 건 부끄러운 일이 아니야

밤 12시가 넘은 시각, 하준이의 아빠는 하준이가 깨지 않도록 조심조심 하준이의 방문을 열었어요. 그런데 당연히 자고 있을 줄 알았던 하준이가 깨어 있지 뭐예요? 하준이는 책상 앞에 앉아 다 못한 공부를 마무리하고 있었어요.

"하준아, 왜 이 시간까지 안 자고 있니?"

하준이는 책상에 고개를 박고 집중하느라 방문이 열린 것도 모르고 있었어요. 아빠가 하준이를 부르자 하준이는 그때야 고개를 들고 아빠를 쳐다봤어요.

"아빠, 늦게 오신다더니 일찍 오셨네요?"

하준이는 12시가 넘은 것도 모르고 아빠에게 물었어요.

"지금 12시가 넘었는데? 아빠는 퇴근하고 자기 전에 하준이 얼굴 좀 보려고 했지. 너 현관문 소리도 못 들은 거니?"

하준이는 평소에 아빠가 현관문 비밀번호를 누르는 소리가 들리자마자 방에서 뛰어나오곤 해요. 그런 하준이가 오늘은 나오지 않았으니 아빠는 당연히 하준이가 잔다고 생각했지요.

"아, 네. 집중하느라 못 들었나 봐요."

"너무 공부를 열심히 하는 것 아니니? 얼른 자야 내일 일찍 일어나지."

"네, 얼른 자야죠. 이것만 마저 하고 잘게요."

하준이는 아빠에게 얼른 대답하고는 보고 있던 책을 다시 보기 시작했어요. 아빠는 하준이에게 얼른 자라고 잔소리를 하려다가 하준이가 무엇을 하고 있는지 궁금해졌어요.

"그런데 하준아, 지금 뭐 하고 있니?"

"저 수학 풀고 있는데요, 아까부터 한 문제가 계속 안 풀려서 보고 있어요."

하준이가 문제집을 가리키며 대답했어요.

"아, 그랬구나. 하준아, 아빠가 좀 도와줘도 될까?"

아빠는 곁에 앉아서 하준이가 어려워하는 문제를 어떻게 푸는지 설명해 줬어요. 하준이는 아빠의 설명을 듣고 그제야 그 문제를 이해할 수 있었어요.

"하준아, 모르는 문제를 계속 보고 있으면 답이 안 나오지. 물론 고민하고 또 고민하다 보면 답이 나오는 문제도 있을 거야. 하지만 오늘처럼 계속 그 문제만 봐도 모르겠는 문제는 아마 내일까지 봐도 모를 거란다. 그럴 때는 물어보는 거야. 선생님께도 여쭤보고, 아빠한테도 물어보고 하준이보다 수학을 더 잘하는 친구에게도 물어봐야지. 물어보면서 또 배우는 거야."

"네, 물어보면 되는데 그게 어려워요. 이런 쉬운 걸 물어보는 건 조금 그렇잖아요."

하준이는 선생님에게든 부모님에게든 모르는 문제를 물어보는 것이 부끄러웠어요. 친구에게는 말할 것도 없고요.

"하준아, 그냥 물어보면 돼. 모를 수도 있는 거지. 적어도 아빠에게는 편하게 물어보렴. 그리고 넌 쉬울 거라고 생각한 문제가 사실

은 어려운 문제일지도 모르는 거란다. 그러니까 '너무 쉬운 문제를 물어보나?' 하는 걱정 같은 건 안 해도 돼."

"네, 앞으로는 많이 여쭤볼게요."

하준이는 아빠 말대로 앞으로 모르는 건 누구에게든 부끄러워하지 않고 물어보기로 했어요. 모르는 문제를 종일 들여다보고 있는 것보다는 부끄러움을 이기는 게 쉬우니까요.

며칠 뒤 점심시간, 하준이는 밥을 다 먹고 틀린 수학 문제를 들여다보고 있었어요. 분명 이렇게 푸는 게 맞는데, 왜 안 풀리는 걸까요?

'그래, 모르는 건 물어보자.'

하준이는 며칠 전 했던 결심을 떠올렸어요. 모르는 건 바로바로 물어봐야죠. 하준이는 문제집을 들고 선생님 책상으로 갔어요. 하지만 선생님을 보고 다시 돌아왔어요. 숙제였던 일기를 검사하고 하나하나 답글을 써 주느라 바빠 보였거든요.

"하준아, 왜 문제집을 들고 다녀?"

하준이가 왔다 갔다 하는 것을 본 서연이가 하준이에게 물었어요.

"모르는 문제가 있어서 선생님께 여쭤보려고 했었는데, 선생님이 너무 바쁘셔서 물어보기 좀 죄송하네."

하준이는 어쩔 수 없다는 듯 문제집을 덮으려고 했어요.

"그러지 말고, 지은이한테 같이 가서 물어볼래?"

고민하던 하준이는 지은이에게 물어보기로 마음먹었어요. 지은이랑 화해하기도 했고, 빨리 답을 알고 싶었거든요.

옆 반으로 찾아간 하준이는 문제집을 지은이에게 내밀며 물었어요.

"지은아, 여기, 이 문제 좀 봐 줘. 내가 푼 게 맞는 거 같은데 답이 안 나와서."

"아, 이거? 나도 너처럼 풀었는데 안 나와서 고민 엄청 많이 했어. 담임 선생님께 여쭤봤더니 이 방법 말고 다른 방법으로 푸는 거라고 하시더라고."

지은이는 하준이에게 문제를 설명해 줬어요. 하준이는 이해가 쏙쏙 되는 것 같았어요.

"아, 이렇게? 지은아, 고마워. 이해 진짜 잘 된다."

"그래? 나도 너한테 알려 주니까 다시 푸는 것 같고 좋아. 우리 이제 서로 모르는 거 많이 물어보자. 원래 서로 가르쳐 주면서 공부하는 거래."

지은이는 하준이를 보고 웃으면서 말했어요. 서연이는 이런 둘의 모습이 뿌듯했어요.

"야, 우리 좀 공부하는 애들 같고 좋다. 우리 진짜 지은이 말대로 앞으로 공부하는 분위기로 같이 놀아 보자. 이거 좋은데?"

서연이가 넉살 좋게 얘기하자 지은이와 하준이는 그런 서연이가 웃긴 듯 크게 웃었어요. 하준이는 오늘 큰 산을 넘은 기분이 들었어요.

'그래, 물어보는 게 생각보다 별거 아니구나. 지은이한테 물어보는 것도 자존심 상하지 않고 오히려 이해가 쏙쏙 잘 되는데? 앞으로는 더 많이 물어봐야지.'

18. 드디어 기초반 탈출이다!

오늘 하준이는 눈을 뜨면서부터 기분이 좋았어요. 뭔가 일어나자마자 하루가 잘 흘러갈 것만 같은 예감이 드는 날이 있잖아요. 오늘은 무조건 좋은 일이 하나는 생길 것 같은 기분이었어요.

신나게 나선 등굣길, 하준이의 예감처럼 날씨도 좋았어요. 하준이는 기분이 좋은 탓인지 뛰고 싶었어요. 그래서 하준이는 뛰기 시작했어요. 다른 사람들이 이상하게 볼까, 조금 걱정되기는 했지만요. 딱 그때, 지은이와 서연이가 함께 걸어왔어요.

"하준아, 왜 뛰어?"

뛰는 하준이를 본 서연이는 손목시계를 확인했어요. 분명 지각할 시간이 아닌데, 왜 하준이가 뛰는 걸까요?

"기분이 좋아서. 잠에서 깨는데 예감이 좋더라고. 오늘 좋은 일이 하나는 생길 거야. 백 퍼센트 확률로."

하준이는 지은이와 서연이에게 뛰는 걸 딱 걸려서 약간 민망했어요. 하지만 오늘은 기분이 좋은 날이니까, 얼른 잊기로 했어요.

"백 퍼센트? 엄청 예감이 좋았나 보네."

"응, 맞아. 엄청 좋아."

평소보다 기분이 좋은 하준이와 그런 하준이와 함께 기분이 좋아진 친구들은 깔깔대며 학교로 향했어요.

5교시를 마치고 종례 종이 쳤어요. 그런데 이상하게도 하준이는 힘이 없었어요.

"분명 좋은 일이 생길 것 같았는데……."

아무 일도 없이 그냥 지나 버린 하루에 하준이는 시무룩해졌어요. 분명 좋은 일이 생길 것 같은 예감이 들었는데, 좋은 일은 하나도 안 생겼거든요.

"하준아, 너 기초반 수업 들어야지. 왜 가방을 싸고 있니?"

하준이는 기초반 수업이 있는 걸 까맣게 잊고 있었어요. 그러다 기초반 수업이 있단 걸 떠올리자 하준이의 마음에 희망이 싹트는 것 같았어요.

"오늘 시험 보기로 한 날이잖니? 하준이가 시험을 까먹는 일은 잘 없는데, 이상하네."

"선생님, 저 오늘 뭔가 예감이 좋아요. 저 진짜 잘 볼 수 있을 것 같아요."

하준이는 자신감 넘치게 연필을 들었어요. 열심히 한 만큼 이번에는 진짜 잘될 것 같았거든요.

정신없이 시험문제를 풀고 잠시 후 하준이는 선생님의 채점이 끝났을 때까지 초조하게 기다렸어요.

"하준아! 17점이네. 정말 축하해! 이제 기초반 탈출이야."

역시 예감은 틀리지 않았어요. 선생님의 말씀을 들은 하준이는 정말 뛸 듯이 기뻤어요. 국어, 수학 모두 기준점을 넘겨서 기초반을 탈출할 수 있던 하준이에게 의외로 걸림돌이 된 건 영어였어요. 계속 점수도 안 오르고 어렵기만 해서 속을 썩이더니, 이제야 빛을 보았지 뭐예요.

"선생님, 저 기초반 탈출하는 거죠? 이제 진짜 된 거죠?"

하준이와 선생님은 눈물을 흘릴 정도로 기뻐했어요.

"그래, 하준아. 늘 열심히 하는 모습 보기 좋았어. 앞으로도 그렇게 하렴. 응원할게."

선생님도 하준이의 기초반 탈출이 정말 뿌듯했어요. 좌절을 딛고 열심히 노력해 준 하준이가 참 기특했죠. 그런 하준이가 앞으로도 흥미를 잃지 않고 공부하기를 선생님은 무척 바랐어요.

하준이는 친구들과 신나게 파티를 하고 저녁 즈음에야 집으로 발걸음을 향했어요. 얼른 집에 가서 부모님에게 자랑할 생각에 발걸음이 더 빨라지는 듯했어요.

"엄마, 다녀왔습니다."

"하준아, 기초반 탈출 축하해. 그동안 열심히 노력하더니, 드디어 목표를 이뤘네."

"하준아, 아빠도 정말 축하한다. 우리 하준이, 정말 기특해."

하준이의 부모님은 부엌에서 케이크를 가져왔어요. 케이크 초에 불을 붙이자 하준이는 초를 '후' 불어서 껐어요.

"감사해요. 그런데 어떻게 아셨어요?"

"선생님이 알려 주셨어. 기특한 하준이 칭찬 많이 해 주라고 하시더라."

"아빠도 오늘 그래서 일찍 퇴근했단다. 하준이 칭찬 많이 해 주려고."

하준이는 기뻐서 활짝 웃었어요. 기초반 탈출한 것도 모자라서 가족들, 친구들에게 크게 축하를 받으니까 기쁜 마음이 더 커지는 듯했어요. 이렇게 행복한 날이 또 있을까요?

하준이는 거실에 앉아 목표 일기를 폈어요. 목표 일기 맨 첫 장에 적어 넣었던 '기초반 탈출하기'를 보며 하준이는 씩 웃었어요. 하준이는 글씨 위에 빨간 동그라미를 크게 그려 넣었어요.

'이하준, 너 진짜 멋있다. 앞으로 이렇게만 하자. 너 정말 잘할 수 있어.'

앞으로도 하준이는 즐겁게 공부한 거예요. 그러면 오늘처럼 좋은 일도 생기겠죠? 그런 날을 위해 열심히 노력할 이하준.

아자아자 파이팅!

end

자기 주도적인 아이들을 위한
공부습관

초판 1쇄 인쇄 2022년 12월 2일
초판 1쇄 발행 2022년 12월 9일

글 김가은
그림 추현수

펴낸곳 대림출판미디어
펴낸이 유영일
마케팅 신진섭
등록 제2021-000005호
주소 서울시 영등포구 대림로34다길 16, 다청림 101동 301호
전화 02-843-9465
팩스 02-6455-9495
E-mail yyi73@naver.com
Tistory https://dae9495.tistory.com

ISBN 979-11-951831-9-7
     979-11-975080-5-9 (세트)

※ 값은 뒤표지에 있습니다. 잘못된 책은 바꾸어 드립니다.